口絵1　MRスコープで見る恐竜の細部画像（第2章 p.44）

口絵2　佐賀県立名護屋城博物館の貸出タブレット上に映る城跡案内ソフト＜VR名護屋城＞の大手門のCG（第7章 p.121）（写真提供：佐賀県立名護屋城博物館）

口絵3　海遊館の「リング・オブ・ファイア」。「太平洋」水槽の周囲を巡回しながらスロープを下っていく構造になっている。（第10章 p.163）

口絵4　「江戸名所見比べコンテンツ」より品川。（第12章 p.207）

博物館情報・メディア論

稲村哲也・近藤智嗣

博物館情報・メディア論（'18）
©2018　稲村哲也・近藤智嗣

装丁・ブックデザイン：畑中　猛

s-33

まえがき

　博物館情報・メディア論は，学芸員資格のための必須科目の一つで，博物館における情報とメディア（媒体）について学ぶ科目である。しかしながら，この科目は，一般の受講者にとっても，幅広い教養のために楽しく学べる内容で，教養科目としての重要性も高い。博物館の社会的意義，とりわけ博物館のメディアとしての意義はますます高まっているからである。その背景には，博物館におけるモノと情報の蓄積は膨大となり，そこに蓄積された知（情報）の発信が，デジタル技術の発達とその活用とあいまって，ますます重要となっていることがある。

　情報・メディアというと，まっさきに，タブレット端末による展示解説装置など，IT（情報技術）またはICT（情報・コミュニケーション技術）を用いたメディアを思い浮かべるかもしれない。そうしたIT（またはICT）ないしデジタル技術の活用もこの科目のテーマの一つである。しかし，それは博物館情報・メディアの一部でしかない。

　博物館では，情報の発信のために，さまざまなメディアを利用する。しかし，一方で，博物館自体が，展示を通じて社会に情報を発信するメディアそのものだともいえる。これが「メディアとしての博物館」という考え方である。その考え方を最初に実現した人物は，国立民族学博物館の初代館長で民族学（文化人類学）研究者であった梅棹忠夫である。彼は，博物館にとって最も重要なこととして，研究に基づいた情報の発信をあげた。そして，そのためにITを活用することも重視した。梅棹が重視したこの二つの側面とほぼ重なるテーマ，すなわち「メディアとしての博物館」と博物館における「ITを含む多様なメディアの活用」を重視して，この講義を進めていきたい。

「メディアとしての博物館」とはなんだろうか。博物館を，すべての人に開かれた情報発信装置として捉えると，マスメディアと共通する部分がある。しかし，情報の発信・伝達の手法は，マスメディアとはずいぶんと異なっている。博物館では，モノ（展示物）が最も重要なメディア（情報を発信・伝達する媒体）だからである。モノの意味や背景を説明するために，まず文字や絵や写真が使われた。近年になると，映像や，多様なデジタル技術を駆使したメディアが使われるようになった。現代では，博物館は，極めて多様なメディアの複合体となっている。

「メディアとしての博物館」の観点から，この講義では，多様な博物館の事例を通して，博物館の情報とメディアとは何かを考えていく。また，ITの活用を含めた，多様なメディアの特色，技術，利点，課題などを包括的に学んでゆく。

「メディアとしての博物館」をより深く理解するため，第1章で，情報やメディアの概要を述べたうえで，「コミュニケーションの記号論」を取りあげた。やや理屈っぽい内容で，遠回りに思えるかもしれないが，記号論を学ぶことは，博物館におけるコミュニケーション（メディアとしての博物館）の特性を理解するための王道である。さらには，「感動」の伝達のメカニズムも理解することができるだろう。

続く第2章から第6章までは，博物館情報・メディア論の基礎を学んでいく。まず第2章では映像やITの活用による展示解説の役割等について考える。第3章では，学芸員が知っておくべきメディア・リテラシーとして，写真とビデオのマニュアル撮影を取りあげる。第4章では博物館情報のデジタル化と情報発信について概観する。第5章では博物館の業務と著作権について考える。そして，第6章では，ユニバーサルデザイン，特にITの活用による博物館のユニバーサルデザインを取りあげる。

第7章以後は，多くの事例を取りあげながら，「メディアとしての博物館」と博物館における情報とメディアについて考えていく。第7章では，さまざまな学習・研究活動と，博物館が提供する情報，および多様なメディアの活用の具体例を参照しながら，博物館の取り組みや課題を検討する。第8章では，博物館における情報発信や教育機会提供のための多様な連携の具体例を参照しながら，博物館の取り組みや課題を検討する。第9章では，多様な利用者に向けた情報発信について，国立科学博物館の事例をもとに紹介する。第10章では，二つの「水族館」を比較し，「コミュニケーションの記号論」の観点から，生き物の博物館における情報とメディアについて考える。第11章では，京都大学が運営するサルの動物園（日本モンキーセンター）を取りあげ，生き物博物館における，研究と情報発信の模索と実践について考える。第12章では，国立民族学博物館と国立歴史民俗博物館を比較し，展示の考え方の変容や，デジタル技術の活用の違いなどについて考える。第13章では，美術館で活用するさまざまなメディアの具体例を参照しながら，美術館の取り組みや課題を検討する。第14章では，縄文の三内丸山遺跡と西都原古墳群を取りあげて比較し，フィールド・ミュージアムとしての両遺跡の展示の特色，デジタル技術の活用などについて考える。第15章では，琵琶湖博物館を取りあげ，博物館が目指す，社会に開かれた博物館のあり方などについて考える。

　お名前を記すことはできないが，本書で取りあげた多くの博物館の関係者の方々に多大なるご協力をいただいた。また，本書の編集においては，井上学氏に並々ならぬご尽力をいただいた。心より謝意を表したい。

2017年10月
稲村哲也

目次

まえがき　　稲村哲也　　3

1 メディアとしての博物館　　｜ 稲村哲也　　11

    1．はじめに　　11
    2．記号と情報・メディア　　15
    3．博物館展示とメディアの多様性　　23

2 博物館における情報とメディアの基礎
　　　　　　　　　　　　　　　　｜ 近藤智嗣　　29

    1．博物館の展示情報　　29
    2．ICT・映像による展示解説　　33
    3．展示場内でのICT活用のこれまでの試み　　36
    4．重畳型展示（展示資料と解説情報の融合）　　39
    5．大型映像装置　　45
    6．まとめ　　45

3 博物館におけるメディア・リテラシー
　　　　　　　　　　　　　　　　｜ 近藤智嗣　　47

    1．本章の目的　　47
    2．カメラの基本構造　　48
    3．マニュアル機能　　52
    4．マニュアル撮影　　54
    5．ビデオ規格　　62
    6．まとめ　　64

4 | 資料のドキュメンテーションと デジタル・アーカイブズ　| 有田寛之　65

1．博物館の機能と情報のかかわり　65
2．博物館情報のデジタル・アーカイブ化　67
3．博物館資料のメタデータの公開　69
4．博物館資料の三次元デジタルデータ化と活用　74
5．博物館展示のドキュメンテーション　76
6．まとめ　78

5 | 博物館と知的財産　| 児玉晴男　80

1．はじめに　80
2．博物館と著作物　81
3．デジタルミュージアムとコンテンツ　86
4．文化的な遺産と知的財産　90
5．まとめ　94

6 | ユニバーサル・ミュージアムと 情報・メディア　| 近藤智嗣　96

1．ユニバーサル・ミュージアムとは　96
2．宮崎県立西都原考古博物館の取り組み　99
3．南山大学人類学博物館の取り組み　107
4．その他のハンズオン展示　110
5．まとめ　112

7 | 博物館教育の多様な機会と情報・メディア　　│ 大髙 幸　　114

1. 博物館教育の特徴　114
2. 博物館を活用した学際的学習・研究　121
3. 高度情報化時代の博物館教育の方向性と課題　126

8 | 博物館の情報・メディア拡充へのさまざまな連携　　│ 大髙 幸　　130

1. 博物館にかかわる連携　130
2. 博物館と他者との連携事例　131
3. 博物館の情報・メディア拡充への連携と今後の課題　143

9 | 科学系博物館における情報・メディア　　│ 有田寛之　　146

1. 展示における情報　146
2. 展示における学びの多様性　147
3. 展示における多様な情報発信
　　―利用者の多様な学びのニーズに応える　149
4. 国立科学博物館の展示における情報発信　152
5. まとめ　159

10 生き物（水族）の博物館における情報・メディア　｜稲村哲也　161

1. 二つの水族館のコントラスト
—そのコンセプトと展示の概要　161
2. 海遊館の展示の特徴と情報・メディア　163
3. ニフレルの展示の特徴と情報・メディア　168
4. 「コミュニケーションの記号論」からみた
生き物のミュージアム　171
[コラム] 海遊館開館の奮闘, ニフレル開設の背景
西田清徳　173

11 生き物（サル）の博物館における情報・メディア　｜稲村哲也　176

1. はじめに　176
2. 日本モンキーセンターの新体制における考え方　177
3. 日本モンキーセンターの各展示コーナー（展示館）　179
4. インタラクティブ（双方向的）な学習　183
5. 動物園のあり方への模索　185
[コラム] 自然への窓としての動物園　赤見理恵　189

12 民族と歴史の博物館における情報・メディア　｜稲村哲也　193

1. はじめに　193
2. 「メディアとしての博物館」の理念　195
[コラム] 博物館は博情館？　山本紀夫　197
3. 民博の展示の新たな考え方　201
4. 歴博におけるITの活用—企画展示から　206
[コラム] 歴博における情報・メディアのこれまで・これから
鈴木卓治　209

| 13 | 美術館における情報・メディア
　　　　　　　　　　　　　　　　　　　　　| 大髙　幸　213
　　1．美術館にかかわる情報・メディア　213
　　2．教育機会にかかわる情報・メディア　220
　　3．展覧会等にかかわる情報・メディア　225

| 14 | 考古の博物館における情報・メディア
　　　　　　　　　　　　　　　　　　　　　| 稲村哲也　229
　　1．はじめに　229
　　2．三内丸山遺跡と縄文文化の展示　230
　　3．西都原古墳群と西都原考古博物館　236
　　4．両遺跡と展示の比較　244

| 15 | 地域の総合博物館における
　　　情報・メディア　　　　　　　　　　　| 稲村哲也　246
　　1．はじめに　246
　　2．琵琶湖博物館のコンセプト　248
　　3．琵琶湖博物館の展示と情報・メディア　251
　　　　コラム　人が広げる博物館の理念　高橋啓一　262

索　引　267

1 | メディアとしての博物館

稲村哲也

≪目標&学習のポイント≫ この章では,情報・メディアとは何かについて考え,博物館の展示と情報・メディアについてより深く理解するため,記号論(特にコミュニケーションの記号論)の基礎を理解しよう。そして,情報・メディアの観点から,博物館における「情報」の伝達,また,博物館が持つ「感動」の伝達について考えてみよう。
≪キーワード≫ 情報,メディア,IT,デジタル,アナログ,記号,コミュニケーション,コード,コンテクスト,感動

1. はじめに

　情報・メディアという言葉から,どのような内容を想像するだろうか。まず,IT(information technology:情報技術)が急激に発達した今日では,情報という語からは,コンピュータを使った情報処理を思い浮かべることが多いのではないだろうか。放送大学にも情報コースがあり,ITの基礎から応用までを学ぶことができる。そのため,「博物館の情報」といったときに,博物館におけるITの活用と思うのは当然かもしれない。しかし,本来の意味の情報はinformationであり,ITの活用はその一部に過ぎない。ただし,IT化が進んだ今日では,ITの活用も重要な一部であることは間違いない。
　博物館は,モノを収集し,保存し,展示するとともに,研究を行う機関である。博物館には研究成果の蓄積として膨大な情報が集まってい

る。モノの集積とともに情報が集積するのが博物館であり，モノの展示において，どのように情報の発信・伝達を行うかが重要である。日本で最初に情報発信を重視した博物館を構想し実現したのは梅棹忠夫（うめさおただお）である。同氏は，モノを陳列し鑑賞に供するという旧来の博物館のイメージを脱して，研究を重視し，その成果を発信する「メディアとしての博物館」，あるいは情報を発信する「博情館」という概念を掲げて，1978年に民博（国立民族学博物館）を設立した（梅棹 1987）。民博の設立時のコンセプトとその後の展開については，第12章で述べる。

　情報・メディアの重要性についての議論に入る前に，ここで，博物館展示の基本として重要な類型として，「モノに語らせる」展示と「モノで語る」展示の対比について確認しておこう。前者は展示物が持つ素晴らしさや価値を「モノ自体に語らせる」鑑賞型の展示である。後者はモノの背景にある文化や歴史や自然，あるいは特定のメッセージを「モノを通じて語り，発信する」展示である。

　歴史的には，中世のヨーロッパの王侯貴族の間で盛んとなった「珍品陳列室」は「モノに語らせる」展示であり，時代とともに「モノで語る」展示の重要性が高まってきたといえる。しかしながら，依然として鑑賞型の「モノに語らせる」展示の意義がなくなったわけではない。来館者に感動を引き起こす実物の魅力が，展示の本質であることに変わりはないからである。また，「モノに語らせる」展示は，後で述べる「受信者中心型」の展示であり，見学者の自由な想像に委ねる（ゆだねる）という意図的な試みとして，あえて行われることもある。この授業では，以上の前提をふまえたうえで，主として，「モノで語る」展示における情報・メディアについて考えてゆく。

　では，博物館のメディアとは何だろうか。新聞やテレビの普及とともに，メディアという言葉はマス・メディアの意味で使われることも多

い。しかし，博物館のメディアは，多くの人びとを対象とする媒体という点でマス・メディアと共通するが，学芸員らによる直接的な解説，文字や絵・写真による解説パネルから，高度なITの視聴覚装置まで，きわめて多様な手法（メディア）の複合体という点で，マス・メディアとは異なっている。

　メディアは日本語では媒体と訳されるが，これは情報を伝達するためのさまざまな手段を意味する。メディア（媒体）には，アナログとデジタルのさまざまなものがある。

　情報との関連でよく使われる「デジタル」の意味は，「連続的（アナログ）」ではなく非連続的に（たとえば整数で）数を表現することである。コンピュータで数を表すのに0と1の二進法を用いるので，コンピュータを使った情報をデジタル情報という。博物館の情報・メディアでもアナログとデジタルという表現はけっこう使われる。

　従来から使われてきたアナログの媒体は，文字解説，音声解説，ガイドブック，音声ガイド，イラスト，写真などであるが，依然として解説の基本となっている。ジオラマ（生態展示）も，アナログ媒体として重要である。ジオラマのはじまりは，パノラマ写真による背景の前に本物に似た造形物を配して，実際の自然環境が見えるように錯覚させる手法である。現在は，実物を縮小したミニチュアから実物大（場合によっては拡大）の精巧なジオラマが盛んに用いられるようになった。実物を補うレプリカ（複製品）やミニチュア模型も重要である。たとえば，1981年に設立された歴博（国立歴史民俗博物館）では，重要な文化財の保存と研究や展示との兼ね合いが常に課題となってきたが，その解決法の一つとしてレプリカや模型が多用されてきた。

　一方，ITすなわちデジタル技術の発達とともに，この数十年の間に，ITを応用したさまざまなメディアが考案され，博物館の展示の解説と

して用いられている。多様化する視聴覚装置，操作体験型装置，メディアミックス装置などが挙げられる。伝達メディアは，「利用者のニーズや技術の進展とともに高度化され，メディアの組み合わせやネットとの連携，パーソナルな携帯用端末機器の普及，活用などを背景に博物館展示の情報環境に多彩な広がりがみられている」（高橋　2013, pp.86-87）。視聴覚メディアの用途は大きく二つに分けられる（以下＜前掲書　pp.88-89＞を参照）。一つは，アトラクション的性格を意識した「演出」であり，もう一つは，データや解説情報を利用者自身が検索して取り出す「知識」を得るタイプである。前者は団体での利用を想定したものが多く，内容も独立・完結したものが多い。空間構成としては，大型スクリーンやマルチスクリーンなどのシアター・タイプが多く，コンテンツ面でも先端の特殊技術を導入して新奇性によって観覧者の関心を引く工夫をこらしたものが多い。近年では観覧者の動きに映像シーンが反応し，新鮮な驚きを与える映像展示が多くなっている。もちろん，「演出」と研究成果の発信を兼ねた目的を持つものも多い。後者の検索型装置は，基本的に個人を想定したものが多く，ボタン操作やタッチ・パネルによって，デジタルアーカイブされた情報ソースのなかからデータを抽出する双方向型システムが多くなっている。

　ITの発達はまた，貴重な歴史資料などの保存と研究や展示との兼ね合いを解決する画期的な方法も生み出しつつある。歴博におけるそのような事例について，第12章で論じる。

　アナログとデジタルのさまざまな展示と解説の手法は，次章以降で実例を取り上げながら論じてゆく。その前に，記号論の基本的な考え方とコミュニケーションのメカニズムを理解しておこう。少し複雑な議論となるが，それはメディアとしての博物館を理解するためにきわめて有用である。「急がば回れ」である。

2．記号と情報・メディア

（1）記号と言語

「記号」とは，ごく簡単な定義をすれば，「なんらかの意味を持つモノ」ということができる。博物館に展示される，仮面，儀礼用具，宗教用具，芸術作品などは，多彩な意味を持つ記号である。また，さまざまな日常の道具や衣装，装身具なども，本来の機能とともに多様な意味を持つため，記号としてとらえることができる。

きわめて多様な記号の本質を理解するために，まず言語について考えたい。ヒト（ホモ・サピエンス）のコミュニケーションにとって最も重要な記号が言語だからである。音（日本語の場合は音節）の組み合わせにすぎないモノ（実際には空気の振動）が，なんらかのことがらを意味する記号となる。その記号（単語であるコトバ）を，規則にしたがって連続させることで，複雑なメッセージができる。

記号論の草分けであるソシュールは，言語を，パロール，ラング，ランガージュの3つのレベルに分けた。パロールは日常の会話である具体的な発話行為にあたり，ラングは，日本語，英語，モンゴル語などの個別の言語の体系である。ラングは，語彙（記号とその意味）と文法（記号の組み合わせなどの規則）から成る特定言語のシステム全体である。私たち人間は，（学校で教えられなくても）幼児期に，言語体系の断片にすぎないパロールを繰り返すうちに，ラングの基本を習得してしまい，それが脳に形成される。これは，言語の違いにかかわらず，人類が共有している言語能力の共通性に由来する。ランガージュとは，その人類に共通の言語能力のことをいう。なお，言語に限定しない記号体系の場合には，ラングを一般化した概念として「コード」という用語を使う。ここでは，言語コードをラングと同じ意味に使う。

博物館の展示や情報・メディアを考えるうえで，記号について知り，記号論の観点から人のコミュニケーションについて理解することはたいへん有用である。ここでは，池上嘉彦（池上　1984，池上ほか　1983）を参考にして，人のコミュニケーションから博物館のコミュニケーションまでを概観し，そのメカニズムを把握しておきたい。

（2）音声言語のコミュニケーション

　私たちの実際の会話はどのように成り立っているのだろうか。同じ言語を話す者同士であれば，話せば何でも伝わると思いがちだが，人のコミュニケーションはそれほど単純ではない。図1-1は，池上に依拠した，コミュニケーションのメカニズムを表す図式である。発信者は，自分が相手に伝えたいこと（伝達内容）を「ことば」として発するが，それは，頭のなかに生成されている言語コード（ラング）に基づいてメッセージ（意味を持つ一定の音の連なり）を作り，パロール（発話）を行うという操作である。コードに基づいてメッセージを作ることを「記号化」という。こうして発信されたメッセージ（パロール）が，空気の振動によって音声として相手の耳に入り，脳に信号が送られる。そこで，受信者は，コード（ラング）に基づいてメッセージ（パロール）を解読して伝達内容を理解する。しかし，これだけでコミュニケーションが成立するわけではない。人のコミュニケーションにはコンテクストが重要な役割を果たすからである。コンテクストは，文脈，前後関係，状況，背景などを意味するが，コミュニケーションにおいては，さらに，発信者と受信者の間で共有されている知識や経験の総体をも含む。そして，受信者は，コードによって解読するだけでなく，（無意識のうちに）コンテクストを総動員して，解釈することにより，発信者のメッセージ（パロール）を理解する。

第1章 メディアとしての博物館　17

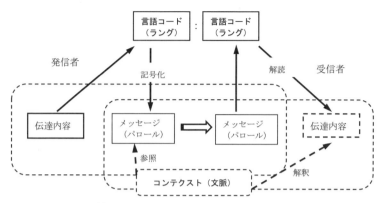

図1-1　人の対話コミュニケーション（池上1984を参考に作成）

- メッセージ：記号によって表現されたもの
- コード：一般的に，記号とその意味，記号の組み合わせなどの規則から成る体系
- 言語コード（ラング）：語彙と文法から成る特定言語の体系全体（頭の中に形成される）
- コンテクスト：文脈，前後関係，状況，背景，発信者と受信者が共有する知識や経験
- 記号化：コードに基づいてメッセージを作ること
- 解読：コードに基づいて受信者がメッセージを理解すること
- 解釈：コンテクストを参照して，メッセージを理解すること

　具体的なコミュニケーションの例で考えてみよう。たとえば，親しそうな若い女性同士の＜A「私ネコにチョコをあげた！」：B「ええ〜，ついにやったね〜」＞という会話を想定しよう。それを聞いたあなたは，頭のなかの言語コード（ラング）によって，耳に入ったAのメッセージを「猫にチョコレートを食べさせた」と解読し，＜猫には迷惑なことだ＞と不審に思うかもしれない。ところが，Bは「ええ〜，ついにやったね〜」という感嘆の言葉を返している。どうして，こんなに単純な

日本語のメッセージに対して，あなたとBとで異なる理解をするのだろうか。それを解くカギがコンテクストである。親しい友人同士が共有するコンテクストは「ネコはテニス部のあこがれの先輩のニックネーム」という知識・経験である。「女子高生（制服から判断できる）」，「2月（バレンタイン）」というコンテクストを共有すれば，あなたも＜女子高生が誰か男の子にチョコレートをあげた＞と推測ができたかも知れない。

　もう一つ例を挙げよう。あなたがロンドンに留学してホームステイしたとする。一週間ほどして，家族との会話ができるようになり，急速な会話能力の向上に嬉しくなる。しかし，地下鉄に乗ったら，目の前の英国人同士の会話がさっぱり理解できずに，がっかりしてしまう。この2つの会話の違いは，コンテクストの共有の程度によるものである。このように，人のコミュニケーションは，コードにだけではなく，コンテクストにも依存していることがわかる。

　コミュニケーションのタイプをコード依存型とコンテクスト依存型に大きく類型化することができる。前者は，自然科学のコミュニケーションなどである。そこでは，コード（科学的な記号体系）を共有すれば，「伝達内容」がそのまま伝わるはずである。このタイプのコミュニケーションは発信者中心型ということができる。一方，コンテクスト依存型の会話は，たとえば幼児が発信者で受信者がその母親というような場合である。幼子の一言，二言で，母親はその子が求めていることなどを理解してしまう。それはコンテクストで解釈ができるからである。このタイプのコミュニケーションを受信者中心型ということもできる。親しい者同士の会話は，このようにコンテクストへの依存度が高い。

　音声言語のコミュニケーションでは，メッセージは時間軸に沿って発せられ，前の記号は瞬時に消えていく。そのため，複雑なメッセージに

なると，メッセージの音声そのものが，しばしば雑音や内的な要因（集中力や記憶など）により，正確に伝わるとは限らない。また，同じ言語の話者同士では基本的な言語コード（ラング）が共有されているが，言語習得過程の人（幼児や留学生など）はコードが不完全であるなど，人によって異なる。図1-1で，言語コードを二つに分けているのはそのためである。また，コンテクストも人によって異なることを示すため，点線の枠をずらしている。この図式で明らかなように，人のコミュニケーションには「誤解」がつきものだといってよいだろう。

（3）視覚的記号のコミュニケーション

　言語は，元来は聴覚による音声記号であるが，文字の発明により，視覚的な記号にもなった。音声言語（話し言葉）は，リアルタイムの双方向のコミュニケーションができる利点があるが，瞬時に消えてしまう。ただし，神話，民話などの口承伝承は記憶され，繰り返される。また，現代では音声は録音されれば残る。

　視覚言語（文章）は，書く手間がかかり，インターラクションはしにくいが，メッセージ内容が確定的で持続性があるため，時間や空間を超えて伝えることも可能である。もっとも，現代のSNSなどでは，文字の打ちこみ・伝達の速度が格段に速くなったために，視覚言語（文章）によるインターラクションも容易になった。

　言語のほかに，身体表現（挨拶，態度やボディ・ランゲージ）も重要であり，聴覚障害を持つ人にとっては，手話が視覚的記号体系としてのもう一つの言語となった。また，視覚障害を持つ人にとって，音声言語とともに，点字が（視覚言語に代わる）文字となった。

　また，絵画，グラフィック，写真などの視覚的記号は，後で述べるように，瞬時に多元的な情報を伝える一方で，そのメッセージ内容が多元

的で曖昧という特徴がある。

　ここで，視覚的な記号について考えてみよう。まず，視覚的言語（文書）のコミュニケーションを図1-2に示した。文書，本などの視覚的言語などの場合，図式的には図1-1とそれほど変わらないが，メッセージそのものは，時間軸に沿って生成消滅するものではなく，受信者と送信者の間で正確に伝えられる。しかし一方で，メッセージが（発信者から離れて）時空間を超えて発信され，しばしば多くの人が受信するため，受信者のコンテクストは多様となり，受信内容も多様となる。文学作品などが，作者自身の伝達内容（思考や意図）から離れて，多様な受け取られ方をすることが理解できるだろう。

　ところで，文学作品の場合，言語コードだけでなく，文化コードが関与する（図1-3）。文化コードとは，ある社会のなかにおける，個別の行為の相互作用の反復によって，学習過程で頭のなかに形成される「体系としての文化」を意味する。挨拶の仕方，人との接し方など，日常の所作や態度がそれによって規定され，感情もある程度影響されると考えられる。その生成過程は言語コードと似ている。人は文化コードを持つことで，無意識的にスムーズに日常の「行為」ができる。しかし，文化コードは，言語コードほど明確ではなく，柔軟なものである。

　視覚的な記号には，図や絵画，さらに写真，動画などがあるが，それについても考えてみよう。言語記号は時間軸に沿って記号が配列される「線条性」を持つ。一方，絵画などの視覚的な記号は，ほぼ一瞬にして全体を見ることができるという「現示性」を持つ。「線条性」を持つ言語記号は時間に拘束されるが，そのコードは比較的厳密に規定されている。視覚的言語（文章）も，基本的には，文字列に沿って視線を動かしていくという意味で，音声言語と同様の「線条性」を持つ。「現示性」を持つ絵画などの視覚的記号は，一気に多くの要素（意味）を表すこと

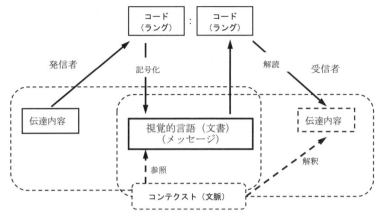

図1-2 視覚的言語（文書）のコミュニケーション

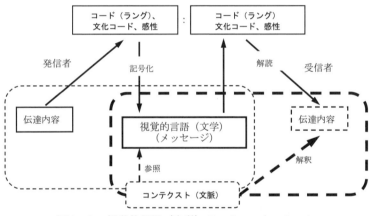

図1-3 視覚的言語（文学）のコミュニケーション

ができる。そうした多元性は，他方では，コードの曖昧性をもたらす。また，動画は，「現示性」を持つ視覚的記号が時間軸に沿って配列される（線条性を持つ）複雑な記号といえる。

図1-4は，絵画や造形物等を想定した視覚的記号によるコミュニケ

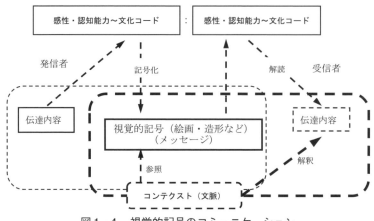

図1-4 視覚的記号のコミュニケーション

ーションである。まず，メッセージの生成・発信には，言語記号とは大きく異なる過程がある。メッセージの生成（作品の制作）には一定の時間がかかることも多く，その過程は，言語コードより，感性や（人類共通の）認知能力，文化コードなどに基づいて「記号化」される。その際にさまざまなコンテクストがそこに込められる。記号化されたメッセージ（作品）は，必ずしもはっきりと意識されたものではなく，しばしば曖昧で多義的である。受信者は，自身の「感性〜文化コード」などによって，それを「解読」するとともに，コンテクストから「解釈」する。当然，受けとる伝達内容は，発信者のそれとは異なるものとなる。作品（メッセージ）の抽象性が強くなれば，受信者の受け止め方の幅，自由度はより大きくなる。個人的なコンテクストだけでなく，時代や社会的なコンテクストも当然影響する。

3. 博物館展示とメディアの多様性

(1) 記号論からみた博物館展示のコミュニケーション

　ここまでみてくると，博物館の展示が，記号のコミュニケーションの一形態としてとらえることの有効性がみえてくるだろう。また，博物館展示という記号体系の特徴も知ることができそうである。図1-5に博物館展示のコミュニケーションの基本を図示したが，選別され（組み合わされた）モノ（および多様な解説メディア）がメッセージ（展示）として発信される。発信者側の伝達内容が「情報」である。博物館の種類や展示は多様であるため，それによって，この図式もさまざまな修正が必要となるだろう。「情報」を記号化して，展示にどれだけ埋め込むかという発信者の意図は多様である。一方で，宗教画や宗教用具などについて考えれば，発信者が何ら情報（伝達内容）を込めることなく展示したとしても，（知識の豊富な）受信者なら，多くの情報を受け取ることになる。

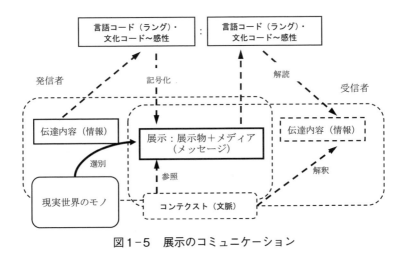

図1-5　展示のコミュニケーション

先に述べた「モノに語らせる」展示と「モノで語る」展示の対比について，もう一度確認しておこう。「モノに語らせる」展示の場合，発信者側からの記号化の意図は希薄である。しかしながら，受信者は，自己の持つ文化コードやコンテクストによって，なんらかの意味を受信する（想像したり，感動したりする）。このようなタイプは，受信者中心型コミュニケーションといってよいだろう。

　美術館の展示は，従来は「モノに語らせる」鑑賞型展示が多かったが，近年は展示物の特色や背景などの「意味」が重視される傾向があるため，文字解説だけでなく，図，写真，VR（バーチャル・リアリティ）など，多様なメディアが活用されている。つまり言語コード等による記号化の重要性が増している。

　自然界の生き物も，動植物園や水族館の枠組みのなかでは立派な記号である。記号としての「生き物」から受信者がどのようなメッセージを受け取るか，一方で，発信者側からどのようなメッセージが込められているのかを考えてみると面白い。多くの場合，発信者の意図にかかわらず，受信者は，みずからのコンテクストや文化コードに照らし合わせて，「かわいらしい」「こわい」，あるいは「生命の不思議」「進化の面白さ」「環境への適応」「生物多様性の重要さ」などを受け取ることだろう。

　民族文化の展示を例にとれば，学芸員は，収蔵庫のなかからどのようなモノを選別し，またどのように組み合わせて展示コーナーをつくるかという企画・準備段階で，言語コードによる学術的情報をふまえ，現地社会の文化（コード）についての知見を動員して，「記号化」された「展示」をつくる。現地の文化をどの程度重視するかは，展示のコンセプトによる。たとえば，さまざまな弓矢を比較するための集合展示であれば，現地の文化はあまり重視されない。他方，ある民族の弓矢猟を紹介

する場合は，現地の文化が非常に重要である。そのために，解説のメディアとして，文章，写真，動画などで現地の文化を紹介することが多い。（単体もしくは一連の）「展示されたモノ」が第一義的なメッセージであり，解説は「モノ」と結合した二義的なメッセージととらえることができる。

　近年は特に，異文化の展示に関して，その文化を担う人びと自身の考えや価値観（言語・文化コード）を取り入れることが重視されている。『博物館展示論（'15）』で取り上げたように，北米のアメリカ・インディアンの展示に先住民が企画参加するケースなどがその例である。

(2) 博物館展示における「感動」

　これまで論じてきた「博物館のコミュニケーション」の図式では，「情報」の伝達のメカニズムは理解できるが，実は博物館展示の重要な要素である「感性」の側面が抜け落ちていた。記号に「感動因子」とかいうような要素を付加してもよいだろう。鑑賞型の「モノに語らせる」展示における，モノ自体が持つ美しさ，巧みさ，心地よさ，すごさ，面白さ，新奇さなどである。こうしたモノ自体が持つ価値とは別に，モノの組み合わせ，モノとコンテクストとの関連などから生じる「感動」もある。以下では，その点について考えてみよう。

　先に述べたように，「正確な」情報の伝達にとって，コードとコンテクストの共有が重要である。しかし，文学作品，詩などにおいては，しばしば「コードからの逸脱」が感性を刺激し，感動や笑いを与える。芸術作品でも同様のことがいえる。一方，芸人やコメディアンの笑いも，言語コードや文化コードからの逸脱を使ったものが多い。いわゆる常識から外れた言葉や行為である。しかし，微妙な逸脱を失敗すると，下品になったり，不快感を与えることになる。博物館の場合にも共通のこと

がいえる。来館者にとって，娯楽や感動も重要であり，その点では，日常とは異なる「コードからの逸脱」も必要な要素である。そこで，いわゆる「発想の転換」を展示に組み込むことは，学芸員の腕の見せ所であろう。第10章で扱う水族館「ニフレル」の魚類などの解説板に五七五の俳句を用いるアイデアは，その好例の一つといえる。

現実の社会においても，祭や儀礼などの非日常の文化には「逸脱」がつきものであり，人びとの感性に響くことが多い。そうした非日常のモノを展示として活用することも有効である。情報・メディアの手法には，ITの活用だけでなく，アイデアで勝負できる部分も大きい。民俗・民族展示における祭など非日常のモノ，「考古」・「歴史」展示におけるモニュメント的造形物などは，そうした効果を持つ。

科学系博物館の場合，研究成果に基づいた情報を正確に伝えることが求められる。そこで従来は，コミュニケーションのタイプとしては，どちらかといえばコード依存型の展示が多かったといえよう。しかしながら，児童の教育も大きな目的として位置づけられ，自然のなかに身を置くような参加型の五感に訴えるメディアが追及されてきた。また，自然史博物館や生き物の博物館（動植物園，水族館など）では，「生物多様性の保全」などの社会的なメッセージを伝えることも重要となっている。人びとの生活と自然との乖離（かいり）が進む現代・未来において，人と自然の共生に果たす博物館の役割はますます大きくなっている。

自然系博物館における展示手法変遷は，パリの国立自然史博物館における「古生物学館」と新設の「グランドギャラリー（進化大陳列館）」の対比が興味深い。前者は，膨大な生き物の化石や骨格標本を陳列する学術色の濃い古い展示である（図1-6）。後者は，復元展示された哺乳動物の「大行進」を中心に据え，最先端の装置を駆使した展示が特徴である（図1-7）。子ども向けの展示室も充実している。この国立自然史

図1-6　パリ国立自然史博物館の「古生物学館」

図1-7　パリ国立自然史博物館の「グランドギャラリー（進化大陳列館）」

博物館は広大な公園内に植物園，動物園，化石館，昆虫館なども備えており，生きた動植物とともに，総合的に自然を学べる施設となっている。

　科学系博物館だけでなく，あらゆるジャンルの博物館で，五感に訴える体験型の展示が重視されるようになってきた。その方法として，一方では，ITを活用した大型スクリーン・全方位スクリーンなどの体感型の装置が発展し，もう一方では，建物や街並みの復元など参加型の大型展示も発達してきた。野外博物館もそうした方向の展示の一つとしてと

らえることもできる。筆者が開設に携わった野外民族博物館リトルワールドもその一つであり，第14章で扱う考古遺跡の展示もそうした例である。また，手に触れることのできるハンズ・オン展示や，キュレーターやボランティアによる生の解説や体験学習などのワークショップもさまざまに工夫されてきた。

　以上みてきたように，博物館は，モノ（展示物）を記号として，またそれに付随するメディアによって，情報（伝達内容）とともに感動を伝える空間である。近年では，双方向コミュニケーションも重視されている。博物館の展示において，モノ自体のメッセージ（展示），モノの組み合わせによるメッセージ（展示コーナー），そして，展示コーナーが全体として紡いでゆくメッセージ（ストーリー）によって，博物館全体がメディアとなる。さらに，参加者に情報と感動を展示として発信すること，博物館と参加者の間のインターラクション，参加者同士の交流，地域社会や外部機関等との交流，さらに国際交流，そうした，館の枠をも越えた，多方面に開かれた複合的なメディア空間として，博物館の重要性はますます高まっているといえよう。

参考文献

池上嘉彦『記号論への招待』（岩波書店　1984）
池上嘉彦・山中桂一・須藤教光『文化記号論への招待　ことばのコードと文化のコード』（有斐閣　1983）
梅棹忠夫『メディアとしての博物館』（平凡社　1987）
高橋信裕「第7章　モノが語る・メディアが語る」日本教育メディア学会（編）『博物館情報・メディア論』（ぎょうせい　2013，pp.85-111）
日本教育メディア学会（編）『博物館情報・メディア論』（ぎょうせい　2013）

2 | 博物館における情報とメディアの基礎

近藤智嗣

《目標&ポイント》 博物館には，さまざまな種類・規模の映像展示やICT技術による展示がある。本章では，まず，博物館の展示における情報を考え，そこから，映像やICT技術による展示解説の役割等について考える。また，ICT技術等の急激な発達により，博物館におけるICTやメディアの利用の重要性が拡大しているが，ここでは，その発展についても概観する。
《キーワード》 映像展示，ICT，デジタルミュージアム，情報KIOSK端末，大型映像装置，ミクストリアリティ

1. 博物館の展示情報

(1) 陳列型展示と場面構成型展示

　博物館の資料（モノ）を公開することは，現在では「展示」と呼ばれるのが一般的である。しかし，先行する用語として「陳列」という用語もある。「陳列」はモノを公開することのみをさし，現在の「展示」とは意味合いが異なる。現在でも陳列ケースに資料を時系列や分類ごとに並べる方法もあり伝統的な博物館に多くみられる。ロンドンにある自然史博物館の鉱物の分類展示（図2-1）や，第1章で取り上げられているパリの国立自然史博物館の古生物学館の骨格標本の展示（**第1章の図1-6参照**）は，いずれも伝統的な陳列型の展示の例である。

図2-1　陳列型展示（ロンドン自然史博物館）

　現在の博物館の「展示」は，モノだけでなく，そのモノがかつて存在していた自然環境や文化的な背景も含めて伝える展示が多い。そこには，展示ストーリーがあり，場面構成型の展示になっている。図2-2はこのような展示の例で，国立科学博物館の縄文人の展示である。人骨だけでなく，その周りには貝塚やジオラマなどによって当時の場面が想像できるように展示空間が構成されている。

図2-2　場面構成型展示（国立科学博物館）

（2）鑑賞展示と教育展示

また，展示を展示目的によって分類すると，鑑賞展示と教育展示に分けることができる。鑑賞展示は実物やレプリカの展示資料を観察することが目的で，教育展示は模型等を使用して原理や構造を説明するための展示である。**図2-3**の例では，恐竜の全身骨格が鑑賞展示で，右下の頭部のみの展示が教育展示にあたる。この教育展示の例ではカモハシ竜のヒパクロサウルスの咀嚼(そしゃく)のメカニズムを解説している。

図2-3　鑑賞展示と教育展示（国立科学博物館）

（3）展示情報の階層構造

展示は，展示室，展示コーナー，展示資料と枠組みが狭くなるにつれ，テーマも上位概念から下位概念になっていくのが一般的である。図2-4は神戸にある竹中大工道具館の例で，a）は，展示室のフロアマップで，展示室ごとに上位のテーマが決められている。b）は，展示室の上位のテーマが掲げられ，奥には下位のテーマが見える。c）は，展示コーナーとなっており，コーナーのテーマが掲げられている。d）

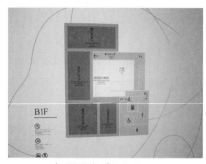
a) 展示室ごとのテーマ

b) 展示室のテーマ

c) コーナーのテーマと展示

d) 展示資料

e) 展示と付加情報

f) 情報KIOSK端末による付加情報

図2-4　展示情報の階層（竹中大工道具館）

は，さらに下位のテーマがあり資料が展示されている。e）は，資料が展示されているが，引き出しを開けるとさらに，関連した詳細の展示が見られるようになっている。一度にすべての情報を提示するのではなく，詳細を知りたい人だけに詳細情報を伝えることで，情報の制御がされている。f）は，情報KIOSK端末で，資料や解説パネルなどにない情報，たとえば映像資料を見たり，用語を検索したりすることができるようになっている。展示にはさらに，音声ガイドなど，移動しながら使用する携帯型の展示解説もあり，これらの情報によって構成されているのが現在主流の展示方法である。

2. ICT・映像による展示解説

展示の定義について，日本展示学会（1982年設立）の初代会長である梅棹忠夫は設立趣旨のなかで次のように述べている。「展示は，言語情報，映像情報をもその内部に包含しつつ，さらに，実物による情報，実体験による情報もくわえて，いわば五感すべてによる体験情報をあたえるものである」。この体験情報を実現する方法として，現在ではICTや映像による展示も含めることができる。本節以降では，これらの具体例について紹介する。

（1）従来の展示解説機器と現在の動向

従来の展示解説機器には，当初はスライドプロジェクターやビデオ映像が使われ，さらに臨場感等を演出するためマルチスクリーンや大型映像による工夫もされてきた。近年は，ICT化が進み，展示室の一角にタッチパネル式の情報KIOSK端末（図2-5）が設置されている場合も多い。また，館内を移動しながら使用する携帯情報端末（Personal Digital Assistant：PDA）を貸し出す博物館も多かったが，最近は，来館者

図2-5　情報KIOSK端末（ドイツ：ゼンケンベルグ自然史博物館）

図2-6　来館者持参のスマートフォンによる展示解説（琵琶湖博物館）

が持参するスマートフォンを使用することも増えてきている（図2-6）。

（2）デジタルミュージアム

　「デジタルミュージアム」という用語は，統一的に定義されてなく，

Web上のバーチャルミュージアムやデジタルアーカイブのことを意味している場合もある。しかし，本章では，実在する博物館でデジタル技術が駆使された展示という意味で「デジタルミュージアム」という用語を使用する。デジタルミュージアムはデジタル技術によって場面構成型展示や教育展示を向上させることが目的である場合が多い。

　デジタルミュージアムの経緯としては，1997年と2000年に東京大学総合研究博物館によって開催された特別展「デジタルミュージアム」が，博物館展示におけるICT活用の実験的かつ先駆的な試みであった。3DCGのバーチャル空間内での展示やコミュニケーション，PDAの利用，ユニバーサルデザインの要素を組み込んだものであった。また2006年に開館した岡山市デジタルミュージアム（現：岡山シティミュージアム）は，館名もデジタルミュージアムで，デジタル技術を全面的に取り入れた展示手法をとっていた。「ころっと」という大型情報端末やPDAを使い，床や壁に埋め込まれた多数のICタグによってその場所の解説情報を見ることができるというものであった（2012年10月に名称変更）。

　この開館と同じ2006年に文部科学省は，総務省の協力を得て「デジタルミュージアムに関する研究会」を発足している。目的は，『文化資源の次世代型デジタル・アーカイブ化及びアーカイブの活用・流通・ネットワーク化に向けた技術の研究開発や，「デジタルミュージアム」の実証に向けたシステムの研究開発構想について検討を行うこと』であった。2007年6月にはこの報告書が公開され，2009年4月には「デジタル・ミュージアム実現のための研究開発に向けた要素技術及びシステムに関する調査検討」の事業が公募されている。ここでいうデジタル・ミュージアムとは「従来の，既存の文化財をデジタル化しWEB上で公開するものや，展示資料にIDタグをかざしてその情報を提示させるものに留まるものではなく，文化を五感でインタラクティブ（対話的）に体

験することを可能とし，新たな展示の可能性を提案する統合システム」とされている。2010年には文部科学省平成22年度科学技術試験研究委託事業として「デジタル・ミュージアムの展開に向けた実証実験システムの研究開発（複合現実型デジタル・ミュージアム）」が発足し，複合現実感技術等を応用した新しい試みがなされている。複合現実感（ミクストリアリティ）については後述する。

　博物館の特徴は，資料や標本などの「モノ」が存在していることである。デジタルミュージアムの課題は，そのモノと人，モノとモノ，モノと解説情報をどうつなげるかであると考えられる。こうしたデジタルミュージアムの動向は，現在，博物館の展示が大きく変革される黎明期であることを示していると思われる。

3. 展示場内でのICT活用のこれまでの試み

　展示場内でのICT活用は，タブレット端末やスマートフォンなどのスマートデバイスの登場によって急激に変化しつつある。本節では，現在あまり使われなくなった機器も含めて，これまでの主な試みを紹介する。

（1）PDA（Personal Digital Assistant：携帯情報端末）

　ビジネスツールとしてのPDAは，スマートフォンなど携帯電話が高機能になったため，あまり使われなくなったが，博物館では多く使用されてきた。たとえば，理科と数学についての体験型ミュージアムである「リスーピア」では，PDAによって展示解説を視聴し，自分がどの展示を体験したかを視覚的に確認できるシステムと連動している。岡山市デジタルミュージアムのPDAは壁などに埋め込まれたICタグによって展示情報を提示する仕組みである。国立科学博物館のPDAは，高機能

な音声ガイドとして使用され，各展示コーナーの天井から放射された赤外線を感知して，その展示コーナーの解説が自動的に聞こえる仕組みである。PDAを使う意義は，多言語対応や音声解説では聞き取りにくい用語を文字として表示することなどである。

（2）携帯型ゲーム機

　2006年11月から2007年1月にかけて開催されたスーパーエッシャー展では，携帯型ゲーム機（Nintendo DS）が展示ガイドとして使用された。ケースに収まった資料は，見学者がページをめくることができないが，DSの画面内ではページをめくった画像が表示されるなどの機能があった。また京都の嵐山にある時雨殿は，小倉百人一首をテーマにした観光施設であるが，展示では携帯型ゲーム機（Nintendo DS）を加工した端末を使用し，天井に数多く配置された赤外線放射装置によって展示室内の位置に合わせた解説が表示されたり，床面の大型ディスプレイの操作ができたりするようになっていた（現在はリニューアルされて使われていない）。国立民族学博物館の「みんぱく電子ガイド」（PSP）は，映像と音声による解説を選択して見ることができ，多言語対応もされている。

（3）情報KIOSK端末

　情報KIOSK端末とは，展示室内に設置されたタッチパネル式の情報端末で，各展示コーナーに配置されていることが多い。内容は解説パネルなどでは説明しきれない情報や映像を見ることができる。多言語対応や解説レベルを選択することができ，一般用解説と子ども用解説（国立科学博物館），やさしい原理と詳しい説明（静岡科学館る・く・る）を選ぶことができる博物館もある。

(4) 携帯型音楽プレイヤー

iPodなどの携帯型音楽プレイヤーによる音声ガイドも一時的に普及した。これまでの音声ガイドとの違いは，来館者がいつも使用している個人の音楽プレイヤーに音声ガイドをダウンロードすることもできることである。来館前にWebサイトからダウンロードできるサービスもある。サンフランシスコ近代美術館やベルリンのユダヤ博物館，森美術館など多くの事例がある。

(5) 携帯電話

携帯電話は，今やほとんどの人が携帯している。そして，本体にはカメラとディスプレイが内蔵され，インターネットへの接続も可能である。つまり，博物館の展示ガイドに必要な機能をすでに備えていることになる。図2-7は千葉市動物公園の先駆的に導入した事例で，携帯電話のカメラでQRコードを撮影してアクセスすると，目の前にいる動物の過去の映像などが見られるというものであった。

図2-7　千葉市動物公園のQRコード

4. 重畳型展示（展示資料と解説情報の融合）

(1) 重畳型展示の従来の方法

映像による解説情報を展示資料に重畳させる展示方法は従来から存在している。本項では，多くの博物館などで使われているハーフミラー型，固定双眼鏡型，投影型についての説明と，その課題を取り上げる。

1）ハーフミラー型（マジックビジョン）

従来の展示解説メディアとしては，ハーフミラーを使用してジオラマと映像を重畳させるマジックビジョンやファンタビューと呼ばれる装置がある。**図2-8**は国立科学博物館にあった例で，深海のジオラマにアニメーションで熱水噴出の仕組みを合成しているところである（リニューアルのため2014年8月まで存在）。上部に取り付けられたモニターの映像が，ジオラマの前面のハーフミラーに反射してジオラマ上に見える仕組みである。この装置であれば，ジオラマの部位を指示することができる。しかし，ハーフミラー越しに見学しないといけないため，後ろ側からなど自由な方向から見ることはできないことと，ビデオ映像を重畳させているため，インタラクティブな操作ができないことなどがある。

図2-8　マジックビジョン（国立科学博物館）

2）固定双眼鏡型（「Jurascopes」フンボルト自然史博物館）

「Jurascopes」は，ベルリンのフンボルト自然史博物館の恐竜の展示室に設置されたCGコンテンツである。図2-9左の双眼鏡タイプのデバイスで骨格標本の方向を覗(のぞ)くと図2-9右のように骨格に筋肉，生体復元像，当時の風景のなかで動き出すアニメーションが順に表示されるというものである。音声による解説はなく効果音のみだが，骨格標本だけではわからない内臓や筋肉，さらには生きていたときの姿をイメージできる映像メディアである。しかし，展示室の映像はライブの映像ではなく，CGもリアルタイムに生成する3Dグラフィックスではない。システムとしては，双眼鏡台の回転軸から向きを検出していると思われ，遠くの標本は自動的にズームインされる。双眼鏡タイプのデバイスの隣の床には同じコンテンツがディスプレイに表示され，双眼鏡まで届かない子どもでも見ることができるように工夫されている。この場合の操作はディスプレイ横のレバーで行うようになっている。

図2-9　フンボルト自然史博物館
（左：Jurascopes，右：骨格に筋肉が重畳されたシーン）

3）投影型（プロジェクションマッピング）

フランスの国立自然史博物館の特別展として開催された Dinosaure, la vie en grand（2012.10.24-2013.5.13）は，図2-10のようにマメンチサウルスの実物大模型の腹部にプロジェクタで映像を投影し，消化等の仕組みを解説するものである。最近ではプロジェクションマッピングと呼ぶ方法である。模型の腹部をスクリーンとして使用しているが，映像で表示される内臓の位置と模型の腹部の整合性がとれているため，位置関係がわかりやすくなっている。

図2-10　実物大復元模型に映像を投影（フランス，パリの国立自然史博物館）

4）従来の重畳型展示の課題

情報 KIOSK 端末や携帯端末では，展示資料と解説情報に空間的な乖離があり，どの部分の説明かわかりにくいという課題があった。これに対して，ハーフミラー，双眼鏡，投影などを利用した工夫が従来からなされ，重畳型展示の必要性があったといえる。しかし，マジックビジョンはハーフミラーとモニターが組み込まれる専用の装置となるため，展示資料ではなく専用のジオラマに合成される場合が多く，大型の骨格標本等を対象とするのは困難である。双眼鏡型の「Jurascopes」は，展示

対象が大型の恐竜で遠くから解説を視聴する場合は問題がない。しかし，展示資料に近づいたり回り込んだりすることはできなく，骨格標本の細部を観察するのには不向きである。投影型は，展示資料がスクリーン面になる場合は可能だが，肋骨のように面にならない場合は不可能である。また，これらのシステムにいえることは，奥行き方向の位置を指定することができず，部位を正確に指定することはできないという問題がある。

したがって，コンテンツによっては，展示資料に近づいたり回り込んだりしながら展示解説を視聴できること，立体視によって奥行き方向の位置指定ができること等がさらに課題として挙げられる。

(2) ミクストリアリティという新しいメディア

ミクストリアリティ（Mixed Reality：MR：複合現実感）という用語は，1997年ごろから使われ始め，2002年ごろから一般にも知られるようになった比較的新しい用語である。現実空間とバーチャル空間を融合するという意味である。バーチャル空間は，バーチャルリアリティ（Virtual Reality：VR）と同じようにリアルタイム3Dグラフィックスで作られた空間である。

図2-11は，筆者らが国立科学博物館においてMRによる展示を実施したときの写真である（現在の常設展示では見ることができない）。展示室の天井には2体の骨格標本が吊されていて，左が水生哺乳類，右が水生爬虫類である。この2体は，違う進化の道のりをたどってきたが水中に適応して似通った姿になったという収斂進化の展示である。写真右下の白枠内は体験者が見ている映像である。この骨格標本をMRの装置を通して見ると，肉付けされた尾ひれの動きが上下（哺乳類）と左右（爬虫類）というように泳ぎ方の違いを3DCGのアニメーションで

確認できるというものである。

　博物館展示へのMR応用の場合，現実空間は展示室や資料・標本で，バーチャル空間は解説情報にあたる。一般的に展示室には資料や標本が陳列されているだけでなく，パネルや映像による解説情報もあり展示が補完されている。これを同一の空間上に提示したのがMRによる展示である。この例では生体復元された3DCGを骨格標本上に提示したが，別の3DCGに切り替えたり，文字や音声による解説を付加したりと多彩な表現が可能である。

図2-11　MRの博物館展示への応用例

　図2-12は，国内外の多くの場所で実施した「よみがえる恐竜」というMRコンテンツで，キヤノン・国立科学博物館・放送大学の3者により2009年に共同開発された（写真は国立科学博物館での実施だが，現在の常設展示では見ることができない）。ジュラ紀後期の小型植物食恐竜オスニエロサウルスを紹介する内容で恐竜の特徴である骨盤や色について等の解説の後，目の前を動き回る恐竜の写真を撮るものであった。ゴーグル型のMRスコープを使用し立体視で見ることができ，また同時に2名が体験できる。位置合わせにはマーカーとジャイロを使用している。このコンテンツの特徴は，中央の骨格標本の周りを自由に移動し

図2-12　よみがえる恐竜（移動しながらの体験が可能）

たり，しゃがんだり，骨格に近づいて見られることである。また，立体視によって奥行き方向の位置合わせもできる。この位置合わせ精度を高めることで，口絵1のように，骨盤の腸骨・恥骨・坐骨という細部であっても，CGによる解説を合成することが可能となっている。

図2-13は，始祖鳥の板状の化石標本をスマートフォンのカメラ越しに見ると骨格復元や生体復元されたCGが重畳される始祖鳥の解説コンテンツである。筆者が実験用に開発したものであるが，このように一般的なスマートフォンでも重畳型展示は可能であり，今後，さまざまな応用の可能性がある。

図2-13　MRの博物館展示への応用例

5. 大型映像装置

　大型映像には，博物館内の視聴室などのシアター型と展示室内に解説の一部としてある展示室型がある。また，国立科学博物館のシアター36〇（サンロクマル）のような全天球型映像装置や立体視が可能なものもある。また，最近ではスーパーハイビジョン 8K によるシアターが九州国立博物館などにある。多くの大型映像装置はあらかじめ用意された映像を再生しているものである。リアルタイムに映像を生成する装置であれば，大型映像装置であってもインタラクティブに見学者の見たいところを見られるようにすることが可能である。2003年に開催された国立科学博物館の「神秘の王朝―マヤ文明展」，印刷博物館のVRシアター，それ以降の東京国立博物館のミュージアムシアターは，ナビゲーターが操作しながらコンピュータでリアルタイムに生成された映像を視聴するシアターである。いずれも凸版印刷が開発したシステムである。ここでいうリアルタイムとは，ゲームの3DCGのようにユーザーの操作に合わせて表示が変化するという意味であり，映画で使われている3DCGのようにあらかじめ作られた映像ではないことを意味している。上記の例は，シアター型で一回の上映では多数の視聴者がいるため，個々の要望を聞くことはできないが，ナビゲーターが視聴者の要望に応えて見る場所を変えることは可能である。

6. まとめ

　ニューメディアと呼ばれた1980年代から始まったデジタル化は，1995年ごろからのインターネット，携帯電話などの普及によって，コミュニケーションの手段も大きく変えた。博物館におけるICT活用もさまざまな可能性があり，少しずつ具現化されてきている。博物館の特徴は，

資料や標本などの「モノ」が存在していることである。博物館のICT活用の課題は，モノと人，モノとモノ，モノとバーチャル，モノと解説情報などをどうつなげるかである。本章では，こうした課題に向けた事例を挙げた。これらの事例からは，大きな変革の黎明期であることを思わされた。技術的な課題はまだ多く，数年で陳腐化したり使用されなくなったりしたコンテンツや技術もあるが，潜在能力を秘めていることは確かだろう。個々のニーズに応じて異なった解説を提示できるような可能性もある。また，展示物間，博物館間，博物館と家庭，博物館と学校をむすぶこともICT活用によって可能性が高まってきたといえるだろう。

参考文献

青木豊『博物館映像展示論—視聴覚教育をめぐる—』（雄山閣　2004）

梅棹忠夫：日本展示学会の主旨　http://www.tenjigaku.com/about/statement.html（2017.02.27取得）

日本展示学会『展示論—博物館の展示をつくる—』（雄山閣　2010）

3 | 博物館におけるメディア・リテラシー

近藤 智嗣

≪目標&ポイント≫ 本章では、学芸員が知っておくべきメディア・リテラシーとして、写真とビデオのマニュアル撮影を取り上げる。近年のカメラはオート機能が充実しており初心者でも容易に扱えるが、マニュアル撮影することで、博物館における撮影の質を向上させることができる。また、学芸員が映像制作を外部委託するときや自作して展示や記録に応用するための技能を養うことにもなる。マニュアル撮影に必要な基礎知識のなかでも、特に初心者にはわかりにくいと思われる事項を取り上げることにする。
≪キーワード≫ 絞り，シャッタースピード，被写界深度

1. 本章の目的

　本章のタイトルにあるメディア・リテラシーという言葉には、二つの意味がある。一つは、リテラシーが読み書き能力という意味であることから、写真や映像等のメディアを使って読み書きする能力、つまり、メディアの使い手としての能力である。もう一つは、メディアからの情報を鵜呑みにするのではなく、批判的に視聴できる能力（批判的視聴能力）、つまり、メディアの受け手の能力である。本章では、前者のメディアの使い手としての能力を養うことを目的としている。
　「博物館情報・メディア論」（2単位）は、博物館学芸員養成科目として「博物館情報論」（1単位）と「視聴覚教育メディア論」（1単位）が統合され、2009年から3年間の移行期間を経て必須となった科目であ

る。その内容のねらいは「博物館における情報の意義と活用方法および情報発信の課題等について理解し，博物館の情報の提供と活用等に関する基礎的能力を養う」となっている。本章は，旧「視聴覚教育メディア論」の内容を最も継承した内容といえるだろう。

　最近は，ふだん持ち歩いているスマートフォン等にも高精細のビデオカメラ機能が備わっており，映像として容易に記録することができるようになっている。また，家庭用のビデオカメラも4Kの高解像度のカメラが普及しつつあり，安価に高画質の映像を撮影できるようになった。そのため，学芸員にとっても，映像コンテンツ制作や映像記録の需要は高まっていると思う。

　スマートフォンやホームビデオは，多くの場合がオート機能で撮影し，カメラの構造や機能の知識はほとんど不要である。しかし，学芸員が博物館の資料を記録として撮影したり，映像展示のコンテンツを制作したりするために，カメラの構造や機能の知識がないと効果的な映像は撮影できない。本章は，初心者にとってはわかりにくいカメラの基礎知識のうち，必要最低限の事項を取り上げたものである。

2．カメラの基本構造

（1）カメラの基本構造

　写真やカメラの話をするとき，絞りやシャッタースピードという言葉を聞いたことがあると思う。この二つの機能は，マニュアル撮影をするうえで必須の事項である。本項では，絞りとシャッタースピードを中心にカメラの基本構造について解説する。

1）絞りと明るさ

　絞りは，カメラのレンズ部にある穴の大きさを変え，レンズから入る光の量を調整する機構である。人間の目は強い光を受けたとき，瞳孔が

小さくなるが，これと同じ仕組みである。ビデオカメラではアイリス（IRIS）と書かれていることが多い。図3-1は，スチルカメラのフィルム装填部のふたを開いたところである。中央の丸い穴が絞りで，左の写真は穴の向こうに被写体が見えている。右の写真も中央に穴があるが，左と比べて小さい。絞り値を変えるということは，このように穴の大きさを変えているということである。このカメラの場合，手前にフィルムを装填するが，デジタルカメラの場合は，CMOSイメージセンサー等の撮像素子が付けられている。絞りの穴を通って入ってきた光がフィルムや撮像素子にあたり像が記録されることになる。

図3-1　絞り（左：開いた絞り　右：絞った絞り）

2）シャッタースピードと明るさ

　一般的にシャッタースピードを速くするとか遅くするというが，シャッタースピードは，シャッターが開いて露光している時間のことである。図3-2の左は，シャッターが閉じている状態で，画面中央の四角い部分がシャッターである。フィルムを装填するときは，この状態になっている。図3-2の右はシャッターが開く途中である。先ほどの図3-1は，シャッターを開けた状態で絞りがよく見えるようにしたもので，シャッターを完全に開くと図3-1のようになるということである。シャッターボタンを押すと，シャッターが開き，フィルムや撮像素子に露

光される。シャッターが長い時間開いていれば光量が増えて明るい画像になり，逆に短ければ暗い画像になる。絞りは，穴の大きさで光の量を調節するものだが，シャッタースピードは時間で光の量を調節するということである。

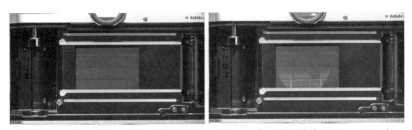

図3-2　シャッター(左：閉じたシャッター　右：開く途中のシャッター)

(2) 絞りとシャッタースピードの関係

　絞りとシャッタースピードのそれぞれで，明るさの調節が可能であるが，両者には，図3-3のような関係がある。光量を水道の蛇口から出る水の量として例えたものである。水の量を変えて時間を調節することで，同じ結果（適正露出）となるということである。蛇口を絞ると水の出る量は少なくなり，コップ一杯に水をためるには時間がかかる。また蛇口を反対にひねって水の出る量を多くすると，短時間でコップ一杯に水がたまる。このコップ一杯が適正な光の量（適正露出）に相当し，適正露出にするのに幾通りか方法があるということである。

　適正露出になるように，絞りとシャッタースピードのバランスがとれていれば，どの設定でも問題ないが，撮影された画像が異なる。この異なり方を手動で調整するのが，マニュアル撮影の基本になる。撮影された画像の違いは後述する。

第3章 博物館におけるメディア・リテラシー | 51

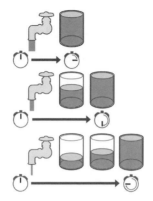

図3-3 絞りとシャッタースピードの関係

（3）ビデオカメラの基本構造

　ここまでは，写真用のスチルカメラで説明したが，この絞りとシャッタースピードの関係は，ビデオカメラにも共通する概念である。**図3-4**は，ビデオカメラの基本構造の簡略図である。外界の光がレンズから入り，複数のレンズや絞りを通って撮像素子に結像する。人間の眼球も基本的に同じ構造で，水晶体がレンズ，虹彩が絞り，網膜が撮像素子にあたる。撮像素子にはCMOSイメージセンサー等が使われている。ビデオカメラのレンズは複数で構成され，ズームで望遠や広角と画角を変えるためのバリエーターレンズ，フォーカスを合わせるためのフォーカシングレンズ等がある。また図のようにNDフィルター（Neutral Density filter）という減光フィルターが備わっている機種もある。3 CMOSと書かれた機種は，撮像素子が3枚入っていて，プリズムでRGBの三原色に分解されて記録される仕組みである。撮像素子に結像し電気信号に変換された映像信号は画像処理され，メモリカードやテープに記録される。また，音声はマイクを通して入力される。このほかには，撮影し

ている映像やさまざまな情報を表示するモニターやファインダーがあり，これらの要素でビデオカメラは構成されている。ビデオカメラの場合，メカニカルなシャッターは存在せず，電子シャッターとして機能している。

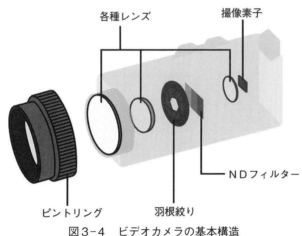

図3-4　ビデオカメラの基本構造

3．マニュアル機能

(1) ビデオカメラのスイッチ類

　プロ用の高機能なカメラでもフルオートモードがあるのが一般的で，フルオートモードにしておけば，細かな設定はカメラ任せで撮影できる。

　電源を入れて録画ボタンを押すだけで撮影できるので，急いでいるときや条件の変化が予測できないような場合は便利である。しかし，画づくりを考える場合は，マニュアルモードで撮影しなければならない。そのためには，カメラの機能も理解しておく必要がある。ビデオカメラに

は，図3-5のようにスイッチ類がたくさん付いており，マニュアルモードでは，これらを操作する必要がある。スイッチ類には，スイッチ，ボタン，レバー，リング等さまざまな種類がある。また，操作する場所が多く，圧倒されてしまうかもしれないが，機能ごとに分類すると，さほど複雑ではないことがわかる。ビデオカメラは，さまざまなメーカーの機種があり，解像度，レンズ，記録メディア等の違いがあるが，スイッチ類の機能は，共通するものが多い。

図3-5　ビデオカメラのスイッチ類

（2）マニュアル機能の分類

　表3-1は，マニュアルモードのあるビデオカメラの一般的なスイッチ類を機能別に分類したものである。1）ズームは，画角を望遠や広角に調整する機能，2）フォーカスは，ピント合わせに関する機能，3）ホワイトバランスは，色温度の調整に関する機能，4）光量は，画面の明るさに関する機能，5）音声は，音声入力の設定に関する機能である。

　ビデオカメラに付いているたくさんのスイッチ類は，基本的にこの5つの機能に分類できるので，整理すると覚えやすいだろう。

　表中の調整方法がビデオカメラに付いているスイッチ類である。メー

カーや機種によって表記が異なっていたり，機能が備わっていなかったりする機種もある。確認方法は，ビデオカメラのモニターに表示されるので，この表示を確認しながらスイッチを調整することになる。

表3-1 マニュアルモードの機能による分類

機能	調整方法	確認方法
1）ズーム（画角）	T/W ／ リング	
2）フォーカス（焦点）	AF/MF ／ リング	ピーキング 拡大表示
3）ホワイトバランス（色温度）	WB ／ ATW	色温度
4）光量	アイリス（絞り） ゲイン ／ NDフィルター シャッタースピード（速度）	ヒストグラム ゼブラ
5）音声	入力切り替え 音声レベル	レベルメーター

4．マニュアル撮影

（1）適正照度

1）グレースケールチャートと波形モニター

　まず，ビデオ撮影のときの適正照度とはなんだろうか。カメラはレンズの大きさ等により，同じ明るさの照明環境で撮影してもカメラごとに明るさは異なる。そのため，カメラごとに明るさを調整する必要がある。そのときに目安となるのが，反射率83％の被写体を撮影して映像信号が100％となる光の量が適正照度というNHKの基準等である。図3-6左はビデオカメラの白黒のバランスや調整用に使用するグレースケールチャートというものである。これのグラデーションになっているとこ

ろの右上と左下の明るい部分が83％の反射率となっている。グレースケールチャートを画面一杯に収まるように撮影し，波形モニター（ウェーブフォームモニター）という計測器を用いると図3-6右のように表示される。これは，ビデオ信号波形をGBR（緑青赤）に分解して表示したもので，グレースケールチャートの白い部分が100％のところにくるように絞り等で調整する。波形モニターがない場合は，次項で説明するビデオカメラのヒストグラムやゼブラ機能を使用して調整することもできる。

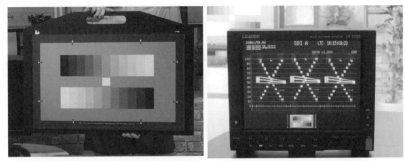

図3-6　グレースケールチャート（左）と波形モニター（右）

2）ヒストグラムとゼブラ

　図3-7は，ヒストグラムとゼブラを表示したモニターの画面である。ヒストグラムは，右下の棒グラフで，左が暗い部分，右が明るい部分の輝度の度数分布をグラフにしたものである。つまり，図3-7の場合は，明るい部分は少しで，暗い部分が多いということがわかる。

　特に気をつけなければならないのは，右端か左端にグラフの山があるときである。この場合，露出オーバーで「白とび」したり，露出アンダーで「黒つぶれ」したりしている可能性がある。映像として記録できる

範囲を超えているということなので，データとしても記録されてなく，編集段階で復元することはできない。ピントと同様に撮影時の注意事項である。

　ゼブラは，特定の輝度レベルのエリアを斜めの縞模様で表示する機能である。図3-7では，画面左側のまなぴーの羽の部分にゼブラが出ているのがわかる。ゼブラはカメラマンが使いやすいように設定できる。100％以上に設定しておくと，そこが白とびしていることがわかり，70％に設定しておき，人の顔の明るさの判断に使う場合もある。2種類のゼブラパターンを同時に表示することもできる。

図3-7　ヒストグラムとゼブラ

3）その他の光量に関係する機能

　マニュアル撮影ができるビデオカメラには，図3-8左のような光量を調整する機能が付いている。機種によってボタンの配置等は異なるが，絞り（アイリス），ゲイン，シャッタースピードを調整できる機能が備わっているのが一般的である。また，図3-8右はNDフィルター（減光フィルター）で，これも光量を調節するものである。

　ゲインは，画面の明るさを変える機能で，主に明るさが足りないとき

に使用する。カメラに入る光量を増減させるのではなく，カメラに内蔵された映像アンプによって映像信号の出力を増減させるものである。そのため，ゲインを上げると少しノイズが入ったざらざらした画質になる。

　NDフィルター（Neutral Density filter：減光フィルター）は，色温度を変えずに暗くすることができるフィルターである。カメラに内蔵されていない場合は，レンズに装着することもできる。

　明るさは，基本的には絞り（アイリス）で調節する場合が多いが，問題が生じることがある。たとえば，照明環境が暗すぎてアイリスを絞れないときや，逆に明るすぎて絞りを開けられないときである。また，被写体が動いているのでシャッタースピードを遅く（長く）できないとき等である。こういうときにゲインとNDフィルターを活用することができる。

　このように調整機能が複数あるのは，同じ明るさであっても，これらの調整によって画の表現を変えることができるからである。

図3-8　その他の光量に関係する機能

（2）絞りとシャッタースピードによる画づくり
1）絞りの調節で背景をぼかしたりくっきりさせたりする

絞りで光量を調節できるが，同時にピントの合う範囲も設定できる。絞りを調節すると奥行き方向のピントの合う範囲が変わる。この範囲のことを「被写界深度」という。

図3-9の例では，左は，並んでいる瓶の中央（3列目）あたりにのみピントが合っているが，右は手前の瓶も奥の背景の棚にもピントが合っているのがわかる。左が絞りを開けた写真で，右が絞った写真である。

博物館での応用としては，たとえば，遺跡の壁を斜めから撮影するとき，手前にも奥にもピントを合わせたいときは右の写し方になる。また，絵巻物を広げたときは，多少の凹凸ができるが，凹凸によりピントの合っていない箇所がでないようにするためにも，絞りを絞って撮影することになる。広報用の写真などで来館者の顔をぼかし，資料はピントが合っているように撮影したいときは，左の写し方になる。

図3-9　被写界深度（左：浅い，右：深い）

2）シャッタースピードによるフリッカー対策

シャッタースピードの初期値は，1/60秒か1/100秒に設定されている場合が多い。これは蛍光灯や博物館のメンテナンス用の照明によく使われている水銀灯のちらつき（フリッカー）と同期させるためである。交流電源の周波数が東日本で50Hz，西日本で60Hzなので，画面にフリ

ッカーが出てしまうときは，東日本では1/50秒か1/100秒，西日本の場合は1/60秒にシャッタースピードを設定するとフリッカーを軽減できる。なお，プロジェクターで投影された映像は1/60秒が多いので，東日本の蛍光灯や水銀灯下でプレゼン等を撮影する場合は注意が必要である。

3）シャッタースピードによる画づくり

シャッタースピードは，フリッカー抑えだけでなく，画の表現を変えることもできる。図3-10の左右の写真を見比べてみよう。同じ噴水を，左は速いシャッタースピード（1/1,000秒）で，右は遅いシャッタースピード（1/30秒）で撮影した映像の1コマである。左は水滴が見えるのに対して，右は水が流れて見える画になっている。

図3-10　シャッタースピード（左：速い，右：遅い）

（3）広角と望遠の違い

図3-11の左右の写真を見比べてみると，画面内のまなぴーの大きさは，ほぼ同じだが，背景に大きな違いがあることがわかる。左はカメラを近づけて広角で撮影し，右はカメラを離して望遠で撮影したものである。

左は背景の広い範囲が写り，右は背景の狭い範囲が写っている。また，背景のピントにも注目してほしい。左は画像が鮮明であるが，右は

背景の画像がぼけている。ピントが合って見える奥行きの幅（距離）を被写界深度というが，焦点距離が大きいほど，これは小さくなる。広角と望遠では，同じ被写体を撮影しても，このような違いが生じるのである。

図3-11　広角と望遠（左：広角，右：望遠）

また，博物館の資料を撮影する場合，なるべく歪みのないように撮影したいことがある。図3-12は左が広角，右が望遠で撮影したものである。広角は垂直の線が上に広がっている。このような場合は，少し離れて望遠で撮影する方が，右のように歪みの少ない画像を撮影できる。

図3-12　広角による歪み（左：広角，右：望遠）

（4）ホワイトバランスと色温度

　学芸員が，映像を撮影する場所としては，屋外，講演会，展示場のようにさまざまである。ここの照明環境を考えてみると屋外は太陽光，講演会場は白っぽい蛍光灯，展示場は赤っぽいLEDのように，照明の色味もさまざまである。映像を撮影する場合は，この照明の色味（色温度）に注意し，照明環境が変わるたびにホワイトバランスをとる必要がある。本項ではこのことについて解説する。

1）色温度

　色温度という言葉は，聞き慣れないかもしれないが，赤っぽいとか青っぽいという光源の色味を表す尺度である。夕日の下の色は，日中と比べて赤っぽいというのが色温度の違いである。蛍光灯やLED電球の，電球色，昼白色，昼光色というのも色温度の違いである。

　色温度の単位は，絶対温度を表すK（ケルビン）である。色温度5,000K付近が白色で，それより低いと赤味，それより高いと青味を帯びてくる。電球色は約3,000K，昼白色は約5,000K，昼光色は約6,500Kである。ハロゲン光源のスタジオ照明は約3,200K，LED照明等白っぽいスタジオの照明は約5,500Kとなっている。

2）ホワイトバランス

　人間は色順応によって，白い紙はどんな照明下でも白く見えてしまうが，カメラで撮影すると屋外と電球色の照明下では，ずいぶん違って見えてしまう。光源の色味の偏りによる被写体の色味の変化をキャンセルするのがホワイトバランスである。

　ホワイトバランスの調整方法は，白い紙やグレースケールチャートを画面一杯に撮影してホワイトバランス（WB）のボタンを押すだけである。最近のカメラは自動で逐次ホワイトバランスを調整する機能がついているものもある。この機能をオート・トラッキング・ホワイトバラン

ス（ATW）という。

　また，スチルカメラで資料を撮影する場合は，カラーチェッカーというカラーマネージメントのためのチャートを含めた写真を撮影しておくと，正確な色を再現できるようになる。

5. ビデオ規格

　博物館にはシアターが併設され，展示に関連する映像を上映していることがある。このようなシアターは，高精細映像で集客している場合が多く，4Kや8Kが主流になりつつある。たとえば，九州国立博物館等の8Kシアターなどである。また，ビデオカメラは4Kの製品が増えている状況で，ホームビデオや超小型のアクションカムも4Kが採用されている。本節では，こうした解像度の基礎知識をおさらいしておく。また，撮影時のモード設定に，インターレースとプログレッシブの選択があるカメラが多いが，基礎知識としてこの解説もしておく。

（1）ハイビジョン

　現在普及しているビデオカメラは，ハイビジョン（HD）で，画面解像度1920×1080ピクセル（フルハイビジョン）が主流である。主なBSや地上波の放送は1440×1080ピクセルになっている。アナログ時代の放送はDVD-Videoと同程度の720×480ピクセルくらいだったので，高解像度，つまり，密度の高い画面になってきているということである。

　フレームレートは，1秒間に表示する静止画の数（コマ数）のことである。テレビは約30コマ，映画やアニメーションは24コマが多い。

（2）4Kと8K

また，現在は，4Kという3840×2160ピクセル（UHD）のビデオカメラも普及しつつある。4Kとは，水平解像度が約4,000ピクセルということである。4Kには，銀塩フィルムカメラの代わりに用いられている映画用のデジタルビデオカメラもある。デジタルシネマ4K等と呼ばれるもので，解像度は4096×2160ピクセルと横に少し長くなっている。図3-13はこれらの解像度の違いを表したものである。

さらに，高解像度の7680×4320ピクセルで，8Kやスーパーハイビジョンと呼ばれる規格もある。4Kと8Kの放送は，2018年12月1日から始まっている。

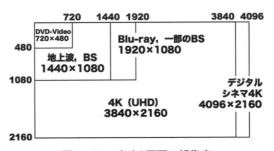

図3-13　ビデオ画面の解像度

（3）インターレースとプログレッシブ

カメラの撮影モードには，インターレースやプログレッシブの選択があり，1080/60iや1080/30pのように書かれている場合が多い。iがインターレースで，pがプログレッシブを意味している。1080は1920×1080のフルハイビジョンのことである。iとpの違いは，動画の描画方法，伝送方法の違いである。インターレースとは「飛び越し走査」とも

呼ばれ，イメージとしては図3-14の左のように1枚の画面を奇数行，偶数行と半分ずつ走査し，合わせて1枚の画像とするものである。一方，プログレッシブは図3-14右のように1枚の画像をそのまま伝送する方式である。

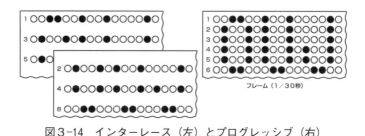

図3-14　インターレース（左）とプログレッシブ（右）

6. まとめ

　本章では，博物館学芸員が知っておくといいメディアリテラシーとして，写真とビデオの撮影方法について解説した。撮影方法としては，ここに書かれたことだけでは十分ではないが，撮影時のカメラ設定をオートからマニュアルモードに変えることで，撮影した結果も変わることを知識として得てほしい。本章では，肉眼による感覚的な撮影ではなく，グレースケールチャートやカラーチェッカーなどを使用し，波形モニターなどの計測器，カメラのヒストグラムやゼブラ機能なども使用することを解説した。学芸員の仕事としての撮影では必須のことだからである。この章で触れられなかった照明や音声についても同様な心構えが必要である。デジタルのカメラ機器は，近年さらに発展，多分野化している。たとえば，360度撮影できるビデオカメラや，ドローンのような空中撮影も一般化している。これらの新しい機器による撮影の場合も，本章の知識は役立つはずである。

4 | 資料のドキュメンテーションと デジタル・アーカイブズ

有田寛之

≪目標&ポイント≫　博物館は資料を収集し，長期にわたり保存し後世に伝えるという基本的機能を持っているが，ただ資料を集めて大切にしまっておくだけでは博物館のすべての機能を果たすことにはならない。集めた資料を調べ，情報を取り出した成果を社会に還元しなくてはならない。

　社会の情報化，ネットワーク化が進み，博物館も資料や情報を使った社会還元において情報をデジタル化し，インターネットを活用する機会が増えている。本章では，博物館情報のデジタル化とインターネットを活用した情報発信について概観する。

≪キーワード≫　メタデータ，ドキュメンテーション，情報通信技術，デジタル・アーカイブ

1. 博物館の機能と情報のかかわり

　我が国の「博物館法」において定義される博物館とは，「歴史，芸術，民俗，産業，自然科学等に関する資料を収集し，保管（育成を含む。以下同じ。）し，展示して教育的配慮の下に一般公衆の利用に供し，その教養，調査研究，レクリエーション等に資するために必要な事業を行い，あわせてこれらの資料に関する調査研究をすることを目的とする機関」である。

　博物館は，資料を集める活動を出発点とし，資料に基づいた基礎的研究を行い，資料を活用した展示や教育活動を行って人びとの多様な学びに応えるという機能を持つ。そのため，集めた資料を整理し，個々の資

料がどのようなものなのかを明らかにしない限り，博物館は本来の機能を果たしていないということもできる。

　博物館が資料を入手した場合，資料に関するデータを体系的に記録し，資料とともに保存し，いつでも情報として活用できるようにすることが基本となる。このような，資料に関するさまざまなデータを組織的に記録文書に残すことをドキュメンテーションという。博物館では従来，台帳やカードといった記録媒体に資料に関するデータは記録され，参照されやすいように整理されてきた。

　台帳やカードには，博物館に収蔵されている個々の資料が一つのデータとしてまとめられているが，一つのデータを記述するために「登録した日付」「制作者」「作品名」「素材」「サイズ」など，さらに細かいデータが必要になる。このように，データを記述・説明するためのデータをメタデータという。

　博物館には美術，歴史，民俗，自然科学など，さまざまな分野があり，それぞれの分野で扱う資料の種類が異なるため，資料を記述するメタデータも多様である。さらに，ドキュメンテーションの多くは，各館，あるいは各学芸員による創意工夫の蓄積によるものである。知識基盤社会といわれる現在，情報発信や情報検索において，ドキュメンテーションの手法がバラバラでは情報を活用する効率が非常に悪い。

　博物館におけるドキュメンテーションについては，英国において博物館に持ち込まれた資料が登録されるまでの流れを「英国博物館ドキュメンテーション標準」（SPECTRUM : The UK Museum Documentation Standard）として標準化しているほか，国際博物館会議（International Council of Museums : ICOM）の博物館ドキュメンテーション国際委員会（The International Committee for Documentation of the International Council of Museums : CIDOC）におけるドキュメンテーションに関す

る標準化については国際標準化機構（International Organization for Standardization：ISO）の規格として認められている（ISO 21127：2014）。

このほか，各国の博物館に関する基本統計の項目を標準化し，国際比較や博物館活動の評価に役立てられるようにする取り組みも進められており，2016年に国際博物館統計（International Museum Statistics）としてISOに認められた（ISO 18461：2016）。

本章では主に，インターネットを活用した博物館の情報発信における，情報の標準化，共通化に向けた取り組みについて，我が国における事例を中心に紹介する。

2. 博物館情報のデジタル・アーカイブ化

我が国では2001年1月，内閣に「高度情報通信ネットワーク社会推進戦略本部（IT戦略本部）」が設置され，情報通信技術（Information and Communication Technology：ICT）を活用したネットワーク社会の形成や，知的財産であるデジタル・コンテンツの創生と活用を国家戦略として推進している。

博物館のデジタル化，ネットワーク化も重視されており，e-Japan戦略Ⅱやその後の重点計画等[1]において，博物館コンテンツのデジタル・アーカイブ化の推進が明記されている。

デジタル・アーカイブ化とは，IT戦略本部の定義によれば「博物館・美術館・公文書館や図書館の収蔵品や蔵書をはじめ，有形・無形の文化資源等をデジタル化して保存・蓄積・修復・公開し，ネットワーク等を通して利用を可能とする施設，もしくはシステムの総称」とされている。収蔵している資料だけでなく，その周辺にある情報も含めたデジタル化とその利用のためのネットワーク化が必要とされている。

2008年6月に改正された「博物館法」では第2条の博物館の定義にお

いて，博物館資料のなかに「電磁的記録」が明記された。「博物館法」における「電磁的記録」とは，「電子的方式，磁気的方式その他人の知覚によっては認識することができない方式で作られた記録をいう」と定められている。つまり，以前は博物館の一次資料である実物資料を記述するための二次資料として扱われてきた情報資料が，この改正により一次資料になったことを意味する。

　博物館資料に関するデジタルデータの活用について，生涯学習の視点からは，「新しい時代を切り拓く生涯学習の振興方策について～知の循環型社会の構築を目指して～（平成20年2月中教審答申）」[2]において，博物館資料のデジタル・アーカイブ化に対応した法令の制定や博物館の活性化が強調され，情報通信技術を活用した学習機会の提供も重要視された。

　一方，学術研究の視点からは，諸外国を中心とした研究成果のオープンアクセス，オープン・データ化の流れを受け，「学術情報のオープン化の推進について（審議まとめ）（平成28年2月文部科学省科学技術・学術審議会学術分科会学術情報委員会）」[3]において，学術情報のオープン化は，論文へのアクセスを中心としたオープンアクセスにとどまらず，研究データを含む研究成果の利活用へと概念が広がり，研究の進め方の変化や新たな手法が生じつつある，としている。研究成果だけでなくその証拠となるデータも社会に公開する必要性が高まっている。

　このように，博物館資料に関するデジタルデータは，生涯学習の面からは利点として，学術研究の面からは義務としてその公開と活用が求められている。

　デジタルメディアの特徴の一つに，経年変化や複製により情報が劣化しないというものがある。これまで博物館の教育場面では，資料保存の観点から実物資料ではなく教育用の複製や模型を使う機会が多かった。

博物館資料に関するデータがデジタル化されることで，資料の収集や調査研究において使われるものとまったく同質のデジタルデータを教育場面に活用できるという大きな利点となる。また，このデジタルデータは博物館における研究成果の証拠データそのものであり，積極的に公開することで博物館のオープン・データ化への主体的対応につながり，社会における博物館の役割を周知する機会にもなる。

3. 博物館資料のメタデータの公開

　「博物館法」第3条には博物館の事業が定められており，第1項のなかに「実物，標本，模写，模型，文献，図表，写真，フィルム，レコード等の博物館資料を豊富に収集し，保管し，及び展示すること。」「博物館資料に関する専門的，技術的な調査研究を行うこと。」「博物館資料に関する案内書，解説書，目録，図録，年報，調査研究の報告書等を作成し，及び頒布すること。」と記述されている。資料を集め，研究し，その情報を公表することは博物館が行うべき事業として明記されている。

　博物館が収集した資料については，いつ，どこで，だれが収集あるいは制作し，大きさや質量，材質など，どのような特徴を持つのか等，資料にまつわる基本的な情報を記録する。近年では技術の発達に伴い，人間の眼に見える部分での情報収集から，さまざまな分析機器を用いた研究が可能となり，取り出せる情報の質と量が格段に増えている。たとえばX線を用いて，美術品において作品の修復の過程を解析したり，古生物や人類学においてCTスキャンによる化石や骨の内部構造の解析を行ったりすることなどが可能となった。CTスキャンの結果については，現在では三次元のデジタル画像（3DCG）として得られるため，コンピュータ上で3DCGとして表示したり，3Dプリンタを用いてレプリカを作成したりすることも可能である。

また，資料の成分分析や，放射性同位元素を用いた資料の年代測定も可能である。さらに，生物であれば資料に影響を与えない程度のごく微量の組織からDNAを採取し，解析するなど，分子レベルでの情報を取得する機会も増えている。

　このように博物館において資料を調べた結果明らかになった情報は，博物館内にとどまらず，さまざまな学術分野における研究に活用されてきた。「博物館法」第3条第1項には「他の博物館，博物館と同一の目的を有する国の施設等と緊密に連絡し，協力し，刊行物及び情報の交換，博物館資料の相互貸借等を行うこと。」とある。情報化が進む今日，情報のより効率的な利用のために，博物館情報のさらなるデジタル化，ネットワーク化が求められている。

　このような社会的要請に対し，博物館は電子情報の整備を行い，各館における情報資料の電子化を進めるとともに，「文化遺産オンライン」や「サイエンスミュージアムネット」など，横断検索可能なポータルサイトの構築といった取り組みを進めている。

(1) e国宝（文化財高精細画像公開システム）[4]

　独立行政法人国立文化財機構に属する4つの国立博物館（東京国立博物館，京都国立博物館，奈良国立博物館，九州国立博物館）が所蔵する国宝や重要文化財の高精細画像を閲覧することができるウェブサイトである。2001年に公開が始まり，2010年にリニューアルされ，2011年にはiPhone用のアプリケーションが公開された。

　利用者はキーワードや分野から作品を検索し，高精細画像を拡大して見たり，作品情報や解説を読んだりすることができる。解説は日本語，英語，フランス語，中国語，韓国語の5カ国語が用意されている。

（2）所蔵作品総合目録検索システム[5]

　独立行政法人国立美術館に属する4つの国立美術館（東京国立近代美術館，京都国立近代美術館，国立西洋美術館，国立国際美術館）の所蔵作品の総合目録を検索できるウェブサイトである。2005年に試行版が，2006年から本版の公開が始まった。

　利用者はキーワードまたは，ジャンルや作家名，年代から選んで作品を検索できる。作品情報や解説，同じ作家によるほかの作品へのリンクなどが表示される。画像については，著作権の切れたもので，デジタル画像が準備されているものか，著作権が存続中のもので，著作権者の許諾があるものについては閲覧可能である。日本語版に加え，2007年から英語版が公開されている。

（3）文化遺産オンライン[6]

　文化庁では1996年から，国立の博物館や美術館の収蔵品や国指定文化財をデジタル化し，情報公開を進める「文化財情報システム・美術情報システム」や，全国の博物館がインターネットで公開している文化財や美術品の情報を「共通索引システム」で横断的に検索できる仕組み作りを進めてきた。

　2003年からは総務省と連携し，国民の貴重な財産である有形・無形の文化遺産の情報化を進め，インターネット上で公開することを目的とした「文化遺産オンライン構想」を推進し，文化遺産のデジタル・アーカイブ化をすすめ，ポータルサイトの構築を行った。試験公開版が2004年4月から稼働し，2008年3月に正式公開している。

　「文化遺産オンライン」ではデジタル・アーカイブ化された文化遺産の情報について，地理情報システム（GIS）を活用した提供を行っている。ギャラリーとして「時代から見る」「分野から見る」「文化財体系か

ら見る」といったカテゴリのほか，「地図と条件から検索」といった検索の入り口が用意されている。収録されたすべてのデータについて，文化遺産データベースからも検索が可能である。また，文化財を所蔵している博物館の情報も提供され，利用者の興味・関心に合わせて検索し，資料の画像や資料に関する情報を得ることができる。

　また，これら博物館や文化遺産の情報に加え，イベント情報もこのサイト上からオンライン登録が可能なため，小規模の博物館が独自にデータベースを構築することなく，文化財に関する情報を発信することができる。

（4）標本・資料統合データベース（国立科学博物館）[7]

　国立科学博物館では2001年からバーチャルミュージアム推進事業を行い，過去の特別展や常設展をホームページ上で公開するとともに，標本情報の電子化と公開を進めてきた。また，2009年より標本資料を統合的に管理するため，全館共通の標本・資料統合データベースを導入した。国立科学博物館には動物，植物，地学，人類，理工学の5研究部があるが，すべてデータの互換性を意識したフォーマットでデータ入力を行うことが可能となった（図4-1）。

　標本・資料統合データベースは日本語のほか，2014年10月には英語版も公開された。生物の分類群ごとに検索する場合は検索場面において，その分類群に関連するメタデータ項目が表示され，検索結果はテキストのほか，画像サムネイルや分布地図で表示することもできる。横断検索では，標本資料の日本語・英語による名称や，収集した地域，時代といった切り口で検索することが可能である。2017年3月末現在で約190万件のデータを格納し，公開している。

図4-1　国立科学博物館標本・資料統合データベース

(5) サイエンスミュージアムネット[8]

　サイエンスミュージアムネットは，自然史系の標本に関する情報など，全国の科学系博物館に関する情報を検索できるポータルサイトであ

る。一般の利用者，研究者がともに利用でき，情報を横断的に検索できるシステムとして構築された。

そのなかのメニューの一つである「自然史標本情報検索」は，各博物館等が持っている自然史標本の所在情報等を国際的な共通フォーマットに準じた形式に変換し，国立科学博物館のサーバーに格納したうえでサイエンスミュージアムネット上から検索できるデータベース機能である。日本語と英語に対応しており，2017年2月現在で約449万件が登録されている。

この機能により国内の自然史標本を横断的に検索でき，さらに世界に向けて情報発信ができるようになる。国立科学博物館においてまとめられた自然史標本情報は，国際科学プロジェクトである地球規模生物多様性情報機構（Global Biodiversity Information Facility : GBIF）[9]の日本におけるデータ発信拠点（ノード）の一つとしての役割を持ち，国内ばかりでなく，世界中の生物多様性研究にも役立てられている。

4. 博物館資料の三次元デジタルデータ化と活用

博物館資料の形状を記録する方法としては従来，模写や写真などが用いられてきた。それに加えてデジタル技術の発達に伴い，博物館資料そのものを三次元（3D）デジタルデータ化することが可能となり，インターネット上で公開される機会が増えている。米国のスミソニアン協会では，協会に所属する博物館が持つ3Dデジタルデータを，Smithsonian X3Dという独自のウェブサイトで公開している[10]。ここでは所蔵する資料を3Dスキャンしたデータのほか，化石発掘現場を保存するために記録した3Dデータ等も公開されている。これら公開されている3Dデータについては，スミソニアン協会のほかのウェブサイトで公開されている写真等の資源と同様，個人的利用，教育目的，非営利目的であれば自

由に利用することができる。

　また，3Dデジタルデータ共有サイトを活用する事例もあり，英国の大英博物館ではSketchfabで[11]，米国のメトロポリタン美術館ではThingiverseで[12]，それぞれ収蔵品の3Dデータ等を公開している（2017年2月現在）。

　これらの公開事例では，利用規約を定めたり，クリエイティブ・コモンズライセンスを採用したりして，著作権の管理を行っている。しかし，無料で一般に公開されている以上，無断で商用利用される可能性は残る。また，自然史博物館が収集する標本のように対象が自然物である場合，それを単にスキャンしたデータは創作性がないファクトデータであり，著作権はないと考えられ，データを作成した機関の権利をどのように保護するかが課題となる。特に化石標本のように，限られた実物資料を世界中の研究者が研究素材として利用を希望する場合，実物は簡単に貸し出せない，あるいは発掘された国の法律上の問題から国外に持ち出せない，といった理由から，多くは実物ではなくレプリカを提供することになる。借用したレプリカを3Dスキャンする，あるいは借用した3Dデジタルデータを3Dプリンタから出力してレプリカを作成する，といった場合の権利関係をどう処理するかについて統一的な基準づくりが必要だが，個々の機関，あるいは学芸員間の信頼関係に頼らざるを得ないのが実状である。

　ところで，3Dデジタルデータと一見直結しそうにないが，自然史標本については「生物の多様性に関する条約（生物多様性条約）」[13]や「生物の多様性に関する条約の遺伝資源の取得の機会及びその利用から生ずる利益の公正かつ衡平な配分に関する名古屋議定書（名古屋議定書）」[14]におけるアクセスと利益配分（Access and Benefit-Sharing：ABS）の問題もある。

ABSでは，遺伝資源を含む生物資源について，原産国の権利が認められており，遺伝資源の利用においては各国の研究者は原産国から事前に合意（Prior Informed Consent：PIC）を得たうえで，当事者と研究にかかわる契約（Mutual Agreement Terms：MAT）を交わしたうえでMATを入手し，標本資料の貸出または移転では有体物移転契約（Material Transfer Agreement：MTA）を締結し，研究の結果利益が生じる場合は配分する，という流れが想定されている[15]。

生物分類学などの基礎研究であれば生ずる利益に関してあまり金銭的な問題にならないかもしれないが，たとえば生物の構造を工学的に活用するバイオミメティクス（生物模倣技術）などの分野では大きな利益が生み出される可能性がある。バイオミメティクスでは生物の微細な構造を3Dデジタルデータ化して解析しており，この場合の3Dデジタルデータは生物の持つ形質から得られたもので，遺伝資源と関係ない，とはいえない。

このように，博物館の標本資料の3Dデジタルデータ化については，著作権など従来の枠組みで処理できない課題も含んでいるが，収蔵庫に保存され，人びとの目に触れることのなかった多くの資料を公開し，活用する新たな機会として，今後より多くの取り組みが展開されることが予想される。

5. 博物館展示のドキュメンテーション

博物館の情報にアクセスする利用者は展示室に訪れる来館者だけでなく，博物館情報を業務や研究に活用したい教育関係者や研究者，学術的なトピックを紹介したり，科学的な裏付けを必要としたりする報道関係者などさまざまである。そのため，多様な利用目的に対応する情報の窓口が必要であり，博物館のウェブサイトは単なる利用案内にとどまら

ず，それぞれの館が持つ情報のポータルサイトのような位置づけとなることが望ましい。

博物館展示については実空間における情報発信の印象が強いが，展示に関する情報をデジタル化することで，実空間に加えてインターネット上での公開もあわせて推進することが可能となる。これにより，博物館を利用する前後の学習や，展示室まで足を運ぶことが難しい遠隔地の人びとなど，多様な学びに結びつけることができる。

（1）国立科学博物館における展示解説情報の電子化

国立科学博物館では，常設展示におけるキオスク端末の展示解説の一部を，ウェブサイトでも閲覧することが可能となっているほか，展示されている標本資料について検索できる「常設展示データベース」を公開している（図4-2）。また，過去の常設展や特別展の情報の一部も公開している[16]。

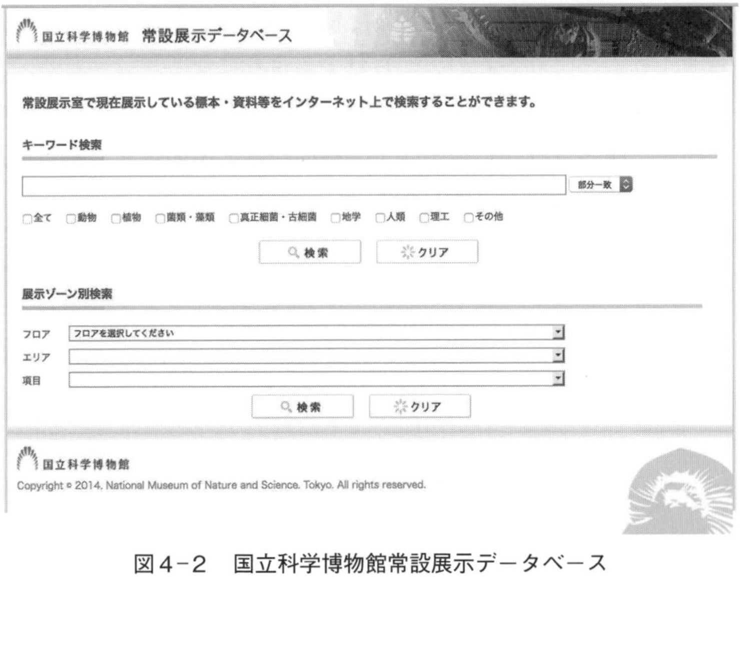

図4-2　国立科学博物館常設展示データベース

(2) Google Arts & Culture[17]

　Google Arts & Culture は，世界中の文化遺産をオンラインで紹介することを目的としており，ウェブサイトとスマートフォンアプリによりサービスを提供している。世界各地の博物館など1,000以上の機関が参加し（2017年2月現在），各機関が持つコレクションをはじめ，展示室内の風景や展示されている資料の高精細画像を閲覧できるほか，ストリートビューの技術を用いたミュージアムビューにより展示室内の様子を見ることもできる。いわば，世界中の博物館展示のポータルサイトのような存在である。

6. まとめ

　本章では，博物館情報のドキュメンテーションに関し，主にデジタル化とインターネットを活用した情報発信について紹介した。

　それぞれの博物館が持つ資料は多様であり，規模や立地条件といった物理的環境も異なる。一方で，博物館資料に関する情報や，資料そのものをデジタル化し，インターネット上で公開することにより，博物館の持つ資源が社会のより多くの人から見えるようになる。

　さらに，インターネット上で複数の博物館における情報の横断検索や，博物館に限定されないさまざまな機関や個人との情報共有が進み，より幅広い情報の活用が可能となる。

<注記>
1. e-Japan 戦略Ⅱ　http://www.kantei.go.jp/jp/singi/it2/kettei/030702ejapan.pdf（2017.2.13取得）
　　重点計画2006　http://www.kantei.go.jp/jp/singi/it2/kettei/060726honbun.pdf（2017.2.13取得）
　　重点計画2008　http://www.kantei.go.jp/jp/singi/it2/kettei/080820honbun.pdf（2017.2.13取得）
2. 新しい時代を切り拓く生涯学習の振興方策について〜知の循環型社会の構築を目指して〜（中央教育審議会答申）http://www.mext.go.jp/b_menu/shingi/chukyo/chukyo0/toushin/080219-01.pdf（2017.2.13取得）
3. 学術情報のオープン化の推進について（審議まとめ）（平成28年2月文部科学省科学技術・学術審議会学術分科会学術情報委員会）　http://www.mext.go.jp/component/b_menu/shingi/toushin/__icsFiles/afieldfile/2016/04/08/1368804_1_1_1.pdf（2017.2.13取得）
4. e国宝　http://www.emuseum.jp（2017.2.13取得）
5. 所蔵作品総合目録検索システム　http://search.artmuseums.go.jp/（2017.2.13取得）
6. 文化遺産オンライン　http://bunka.nii.ac.jp/（2017.2.13取得）
7. 標本・資料統合データベース　http://db.kahaku.go.jp/webmuseum/（2017.2.13取得）
8. サイエンスミュージアムネット　http://science-net.kahaku.go.jp/（2017.2.13取得）
9. GBIF　http://www.gbif.org/（2017.2.13取得）
10. Smithsonian X3D　http://3d.si.edu/（2017.2.13取得）
11. https://sketchfab.com/britishmuseum（2017.2.13取得）
12. https://www.thingiverse.com/met/about（2017.2.13取得）
13. 生物多様性条約　http://www.mofa.go.jp/mofaj/gaiko/kankyo/jyoyaku/bio.html（2017.2.13取得）
14. 名古屋議定書　http://www.mofa.go.jp/mofaj/gaiko/treaty/shomei_72.html（2017.2.13取得）
15. 中江雅典（2015）生物多様性条約および名古屋議定書の魚類学分野への影響〜知らなかったでは済まされないABS問題〜，魚類学雑誌　62(1)，84-90.
16. 国立科学博物館　http://www.kahaku.go.jp/（2017.2.13取得）
17. Google Arts & Culture　https://www.google.com/culturalinstitute/beta/（2017.2.13取得）

5 | 博物館と知的財産

児玉晴男

《学習の目標》 博物館にとって，知的財産権や肖像権等の保護と活用のバランスをはかることは，重要な課題となっている。情報通信技術の発展により，情報の伝搬スピードと範囲は劇的に拡大している。その結果，博物館の情報収集・発信手段は多様化し，博物館で取り扱う法的対応も複雑化している。本章では，博物館の業務と著作権・知的財産権とのかかわりから，その問題を考える。

《キーワード》 著作物，コンテンツ，文化遺産，著作権，肖像権，知的財産権

1. はじめに

　博物館では，歴史，芸術，民俗，産業，自然科学等に関する資料が収集され，保管され，展示されて，それら収蔵物は教育的配慮のもとに一般公衆の使用に供される。また，博物館における情報は，知的財産とかかわりをもつ。博物館で収蔵される歴史，芸術に関する資料は，著作物である。博物館の収蔵物の展示や教育目的の使用は，著作権等の制限になる。また，産業，自然科学に関する資料は，知的財産権の保護の対象になりうる。

　しかし，歴史的な文化遺産自体は，直接，「著作権法」で保護されるとはいえない。また，歴史的な技術遺産も，知的財産権の保護期間にはなりえない。ただし，この観点は財産権についていえることであり，文

化遺産に関しては人格権の観点からの考慮も必要である。また，文化遺産と知的財産権のいくつかの特定の法律や政策問題が提起されている。博物館と知的財産との関係からは，人格権と財産権の二つの面の関係からの権利処理が求められる。

　知的財産は，「知的財産法」で保護される。「知的財産法」は「著作権法」，「産業財産権法」などからなる。なお，我が国の著作権制度は，「著作権法」，「コンテンツの創造，保護及び活用の促進に関する法律」（「コンテンツ基本法」），「著作権等管理事業法」が関与する。それら三つの法律は，権利の対象，権利の帰属，権利の管理において違いがある。

　博物館にとって，著作権・知的財産権や肖像権等の保護と活用のバランスをはかることは，重要な課題となっている。情報通信技術の発展により，情報の伝搬スピードと範囲は劇的に拡大し，博物館の情報収集・発信手段は多様化している。それに伴い，博物館で取り扱う法的対応も，複雑化している。本章は，博物館における情報を著作物，コンテンツ，そして知的財産について，著作権・知的財産権の保護と活用から考える。

2. 博物館と著作物

　博物館には，その名称が付されたものだけでなく，記念館，資料館，文学館，歴史館，科学館なども博物館の類型といえる。また，マンガ・アニメミュージアムやエコミュージアムがある。博物館等で収蔵される対象は，自然史，歴史，民族，美術，科学技術，交通，海事，航空，軍事，平和などになる。博物館等は，それら収蔵物を展示するだけでなく，学術的活動に関する情報を公表している。

　博物館等の収蔵物は主として著作物であり，それは「著作権法」で保護される。また，博物館等の収蔵物のなかには著作権の一定の保護期間

を過ぎているものが含まれるが，博物館等の収蔵物を起点にして，学術書や映像また紫式部の『源氏物語』の口語訳のように，新たな著作物が創作される。

我が国の「著作権法」では，著作物には著作者の権利の「著作者の人格的権利である著作者人格権」と「著作者の経済的権利としての著作権」の二つの権利が著作者に帰属している。また，著作物の伝達行為を行う者(実演家，レコード製作者，放送事業者，有線放送事業者)には，実演家人格権と著作隣接権が帰属する。さらに，出版権者には，出版権が設定される。我が国の「著作権法」は，著作者人格権，著作権，出版権，実演家人格権，著作隣接権を対象とする。

（1）博物館等における情報―著作物とその伝達行為

我が国の「著作権法」は，著作物とその伝達行為が保護の対象になる。

博物館等における情報は，著作物である。ただし，著作物として保護される対象は無体物であり，有体物が保護されるわけではない。著作物は，思想または感情を創作的に表現したもので，文芸，学術，美術または音楽の範囲に属するものである。具体的には，言語の著作物・音楽の著作物・舞踊または無言劇の著作物・美術の著作物・建築の著作物・図形の著作物である。また，映画の著作物・写真の著作物，プログラムの著作物があり，二次的著作物や編集著作物・データベースの著作物が例示されている。なお，編集著作物はアナログコンテンツになり，データベースの著作物はデジタルコンテンツである。

民族舞踊や民族音楽が演じられたり録音されたりすることがある。また，それら映像や音源は放送され，有線放送されることがある。それらは，著作物の伝達行為（給付）になり，実演，レコード，公衆送信（放

送と有線放送）になる。実演は，著作物を，演劇的に演じ，舞い，演奏し，歌い，口演し，朗詠し，またはその他の方法により演ずること等をいう。レコードは，蓄音機用音盤，録音テープその他の物に音を固定したものであり，言い換えれば CD や DVD などに楽曲が焼き付けられたものになる。公衆送信は，公衆によって直接受信されることを目的として無線通信または有線電気通信の送信を行うことをいう。放送は公衆によって同一の内容の送信が同時に受信されることを目的として行う無線通信の送信であり，有線放送は公衆によって同一の内容の送信が同時に受信されることを目的として行う有線電気通信の送信をいう。なお，公衆送信のうち，自動公衆送信は，公衆送信のうち，公衆からの求めに応じ自動的に行うものをいうが，著作物の伝達行為のカテゴリには含まれていない。

（2）博物館等における情報の権利—著作権と関連権

著作物とその伝達行為は，著作者の権利とそれに隣接する権利になり，「著作権法」では著作権と関連権とよばれる。また，我が国では，出版権が含まれる。

① 著作者人格権と実演家人格権

著作者人格権は，公表権，氏名表示権，同一性保持権からなる。実演家の権利には，限定された実演家人格権が認められる。氏名表示権と同一性保持権が実演家人格権に含まれる。著作者人格権と実演家人格権は，著作者と実演家に一身専属の権利であり，第三者へ譲渡することはできない。

② 著作権と著作隣接権

　著作権は支分権からなる。その支分権は，複製権，上演権および演奏権，上映権，公衆送信権等（放送権，有線放送権，自動公衆送信権（送信可能化権）），口述権，展示権，頒布権，譲渡権，貸与権であり，さらに二次的著作物の作成に関する権利（翻訳権，翻案権等）と二次的著作物の利用に関する原著作者の権利からなる。

　著作隣接権は，支分権の一部と著作物の伝達する状態を表す権利からなっている。

③ 出版権

　博物館資料は，出版物として発行されることがある。そのとき，出版権が関与する。我が国の「著作権法」では，著作隣接権者と類似する出版者に出版権が設定される。複製権または公衆送信権等を有する者（複製権等保有者）は，その著作物について，文書もしくは図画として出版すること，また公衆送信行為を行うことを引き受ける者に対し，出版権を設定することができる。出版権者は，設定行為で定めるところにより，頒布の目的をもって，その出版権の目的である著作物を原作のまま印刷その他の機械的または化学的方法により文書または図画として複製する権利を専有する。また，著作権者は，他人に対し，その著作物の利用を許諾することができる。出版権の設定は準物権的な権利であり，著作物の利用の許諾は債権的な権利になる。

(3) 博物館等における情報の展示と複製——著作権と関連権の制限

　絵画，版画，彫刻等や写真は，博物館等で展示されている。それらの展示は，著作権（展示権）の制限によっている。美術の著作物または写真の著作物の原作品の所有者またはその同意を得た者は，公に展示する

ことができる．ただし，美術の著作物の原作品を街路，公園その他一般公衆に開放されている屋外の場所または建造物の外壁その他一般公衆の見やすい屋外の場所に恒常的に設置する場合には，適用されない．

美術の著作物でその原作品が屋外の場所に恒常的に設置されているものまたは建築の著作物は，いずれの方法によるかを問わず，利用することができる．ただし，彫刻を増製し，またはその増製物の譲渡により公衆に提供する場合，建築の著作物を建築により複製し，またはその複製物の譲渡により公衆に提供する場合，屋外の場所に恒常的に設置するために複製する場合，専ら美術の著作物の複製物の販売を目的として複製し，またはその複製物を販売する場合は，利用することはできない．

絵画，版画，彫刻等や写真は，博物館等において小冊子で複製されている．美術の著作物または写真の著作物は，著作物の原作品により，これらの著作物を公に展示する者は，観覧者のためにこれらの著作物の解説または紹介をすることを目的とする小冊子にこれらの著作物を掲載することができる．ただし，美術の著作物またはまだ発行されていない写真の著作物をこれらの原作品により公に展示する権利（展示権）を害してはならない．

また，美術の著作物または写真の著作物の原作品または複製物の所有者等が，その原作品または複製物を譲渡し，または貸与しようとする場合には，その権原を有する者等は，その申出の用に供するため，これらの著作物について，複製または公衆送信を行うことができる．ただし，美術の著作物等の所有者は，譲渡権または貸与権を害してはならない．

上記の公開の美術の著作物等の利用，美術の著作物等の展示に伴う複製，美術の著作物等の譲渡等の申出に伴う複製等については，出版権の制限規定にもなっている．また，美術の著作物等の複製や利用にあたっては，出所を明示しなければならない．なお，美術の著作物または写真

の著作物以外の著作物に関しては，他の著作権の制限規定，出版権の制限規定とともに，著作隣接権の制限規定も関与しうる。また，著作権と出版権および著作隣接権の制限規定は著作者人格権と実演家人格権に影響を及ぼすものではなく，著作者人格権と実演家人格権，特に同一性保持権の対応は必要になる。

3. デジタルミュージアムとコンテンツ

デジタルミュージアム（digital museum）は，絵画や彫刻などの芸術作品や，歴史，民族などの各種資料をデジタルデータに変換して保管し，ネットワーク上で閲覧できる美術館や博物館のことをいう。デジタルミュージアムは，文化資源の有効活用，多様なミュージアム体験，新しいメディア芸術の創造・発展に寄与する。そのためには，文化財や美術作品，学術資料等の文化資源のデジタルアーカイブの促進がある。デジタルアーカイブとは，何らかの方針に基づき，デジタルコンテンツを選択，収集，組織化，蓄積し，長期にわたって保存するとともに利用に供するシステムまたはサービスをいう。

デジタルミュージアムを実現するうえでは，文化資源のデジタル・イメージの制作やその後の利活用に関して，さまざまな権利関係の適切な処理がある。デジタルコンテンツやデジタルアーカイブにおける文化資源に著作権が存している場合や，無形文化財について演者の肖像権等の対応なども考えられる。

(1) デジタルコンテンツ

デジタルミュージアム自体がデジタルコンテンツであり，デジタルアーカイブされる情報がデジタルコンテンツになる。デジタルコンテンツは，「コンテンツ基本法」で規定される。本法は，国，地方公共団体お

よびコンテンツ制作等を行う者の責務等を明らかにし，コンテンツの創造，保護および活用の促進に関する施策を総合的かつ効果的に推進し，国民生活の向上および国民経済の健全な発展に寄与することを目的とする。「コンテンツ基本法」は，「知的財産基本法」の基本理念による。

　デジタルコンテンツは，二類型になる。第一は，映画，音楽，演劇，文芸，写真，漫画，アニメーション，コンピュータゲームをいい，その他の文字，図形，色彩，音声，動作および映像もしくはこれらを組み合わせたものになる。第二は，第一の類型にかかる情報でコンピュータを介して提供するためのプログラムを指している。上記の例示によるコンテンツは，人間の創造的活動により生み出されるもののうち，教養または娯楽の範囲に属するものをいう。

　デジタルコンテンツとして創造される形態は，印刷本を電子化したものから，音楽や映像が一緒にメディアミックスされたものまでがみられる。メディアミックスされたものは，人工的な表現として，音楽や映像が，電子音楽，コンピュータグラフィックス（CG）や3Dによって表現される。それらは，プログラムの著作物になり，また視聴覚著作物として音楽の著作物や映画の著作物となりうる。

（2）デジタルコンテンツの権利

　「コンテンツ基本法」で定義されるデジタルコンテンツは，「著作権法」で保護される著作物である。ところが，我が国の著作権制度は，三つの法律がある。三つの法律では，それぞれ著作権（知的財産権），著作権と関連権，そして著作権等が対象となり，権利の帰属と権利の管理が異なっている。

① 権利の帰属

「コンテンツ基本法」において，コンテンツ事業はコンテンツ制作等を業として行うことをいい，コンテンツ事業者はコンテンツ事業を主たる事業として行う者をいう。コンテンツ制作等にはコンテンツの複製，上映，公演，公衆送信その他の利用が関与し，その他の利用にはコンテンツの複製物の譲渡，貸与および展示が含まれる。「コンテンツ基本法」におけるデジタルコンテンツは，「知的財産基本法」で規定される著作物における著作権が対応する。なお，国の委託または請負にかかるコンテンツにかかる知的財産権は，受託者または請負者から知的財産権を譲り受けないことができるとある。

「著作権法」では，映画の著作物に関して，三つの権利の帰属のパターンがある。それは，映画の著作物の映画製作者への著作者の権利の帰属（法人帰属），映画の著作物の著作者への著作者の権利の帰属（著作者帰属），映画の著作物の著作権の映画製作者への帰属である。この関係は，デジタルコンテンツの権利の帰属に類推適用できよう。権利（財産権）は，移転することができる。権利の帰属は，我が国では，著作権の譲渡，出版権の設定，そして著作物の利用の許諾になる。なお，映画の著作物の著作権の映画製作者への帰属は，英米法系の信託譲渡といえる。

② 権利の管理

「コンテンツ基本法」におけるコンテンツ制作に関して，コンテンツにかかる知的財産権の管理が伴う。コンテンツ事業者は，国内外におけるコンテンツにかかわる知的財産権の侵害に関する情報の収集その他のその有するコンテンツの適切な管理のために必要な措置を講ずるよう努めることになる。「コンテンツ基本法」では，コンテンツ事業者は知的

財産権管理に関与する。

「著作権法」における著作権と関連権は，それら権利者自身が管理すべきものである。著作者が著作権を譲渡し，また著作隣接権者が著作隣接権を譲渡した場合は，譲渡された者が権利管理することになる。著作者人格権と実演家人格権については，著作者と実演家が権利管理する。

なお，著作者は個人であることもあり，関連団体等が著作権等管理をすることに実効性が伴うことがある。それが「著作権等管理事業法」で規定される著作権等管理事業者への著作権等の信託譲渡による著作権等管理である。著作権等は，著作権と著作隣接権である。著作者人格権と実演家人格権は，著作権等管理の対象ではない。「著作権法」における出版権は，「著作権等管理事業法」では明記されていない。

（3）MLA 連携

MLA 連携とは，博物館（Museum），図書館（Library），文書館（Archives）の間で行われる種々の連携・協力活動のことである。博物館，図書館，文書館の連携・協力活動は，2008年，国際図書館連盟（International Federation of Library Associations and Institutions：IFLA）およびOCLC（Online Computer Library Center）からMLA連携についての報告書が出されたのを契機に関心が高まっている。我が国でも，博物館，図書館，文書館は元来，文化的，歴史的な情報資源の収集・保存・提供を行う同一の組織である。それが，資料の特性や扱い方の違いに応じて機能分化した一方で，施設の融合や組織間協力を続けてきている。ネットワークを通した情報提供の進展に伴い，利用者が各機関の違いを意識しなくなりつつあることをふまえ，組織の枠組みを超え，資料をデジタル化してネットワーク上で統合的に情報提供を行うための連携・協力などがなされている。

MLA連携は，「国立国会図書館法」によるインターネット資料およびオンライン資料の収集のための複製および「公文書管理法」等による保存等のための利用などにより，著作権等の制限規定に負っている。著作権の制限は，営利性がなければ，権利者への許諾や利用料の支払いが不要とされている。しかし，我が国の著作権の制限は，権利者への通知と補償金の支払いが伴うものが散見される。さらに，教育目的と関連する規定に，営利を目的として権利者への通知と補償金の支払いを伴う規定まである。著作権の保護とその制限との違いは，ネット環境においては低くなっている。MLA連携におけるコンテンツへのオープンアクセスを促進するためには，我が国の著作権の制限規定の傾向性を加味することも必要であろう。この対応は，実質的に，権利処理と同様なものになる。

　デジタル・イメージの制作に際しても，別途，制作を行った者に新たな著作権と関連権が生ずる場合があるため，デジタル・イメージの利活用を円滑に行うためには，著作権と関連権の帰属に関する契約や，インターネット上での公開や放送利用等の利活用方法を明確に想定した著作権に関する契約を制作者等との間で結んでおくことが重要である。その対応には，肖像権も含まれる。肖像権は，プライバシー権とパブリシティ権とが融合した権利になる。ここで，パブリシティ権は芸能人等の著名人の肖像や氏名等に関する権利であり，我が国においては明文の規定を持たないが，判例上において認められている個人の権利である。アーカイブ事業を円滑に行うために，必要に応じ，「著作権法」・「知的財産法」の円滑な権利処理が求められる。

4. 文化的な遺産と知的財産

　博物館等の収蔵物は，創作されたときは知的財産である。それが時代

を経て，文化遺産となっていく。したがって，博物館等の収蔵物自体の多くは知的財産権で保護される対象とはいえない。しかし，知的創造は文化遺産をもとに発想されることがあり，「生物の多様性に関する条約」（生物多様性条約）で保護される伝統的文化表現等と知的財産権との関連性が議論されている。

（1）伝統的文化表現等と先住民族の権利

　生物多様性条約は生物の多様性が有する内在的な価値ならびに生物の多様性およびその構成要素が有する生態学上，遺伝上，社会上，経済上，科学上，教育上，文化上，レクリエーション上および芸術上の価値を意識する。生物多様性条約は，人類の口承および無形遺産に関して考慮するとある。

　伝統的文化表現またはフォークロアの表現には，音楽，美術，デザイン，名称，符号および記号，性能，建築形態，手工芸品や物語がある。フォークロアの表現は，先住民の社会および地域社会の文化的，社会的アイデンティティにとって不可欠であり，それらのノウハウやスキルを体現し，核となる価値観や信念を伝承する。それらの保護が創造性の促進，強化された文化的多様性と文化遺産の保存に関連している。

　「先住民族の権利に関する国際連合宣言」では，人権から環境権に及ぶまで幅広く規定されている。先住民族の権利として，たとえば集団および個人としての人権の享有，文化的伝統と慣習の権利，民族としての生存および発展の権利，土地や領域，資源に対する権利，土地や領域，資源の回復と補償を受ける権利，環境に対する権利などを規定する。

　「先住民族の権利に関する国際連合宣言」に「遺産に対する知的財産権」の規定がある。そこでは，先住民族は，人的・遺伝的資源，種子，薬，動物相・植物相の特性についての知識，口承伝統，文学，意匠，ス

ポーツおよび伝統的競技，ならびに視覚芸術および舞台芸術を含み，自らの文化遺産および伝統的文化表現ならびに科学，技術，および文化的表現を保持し，管理し，保護し，発展させる権利を有すると規定する。先住民族は，文化遺産，伝統的知識，伝統的文化表現に関する自らの知的財産を保持し，管理し，保護し，発展させる権利を有するとある。また，国家は，先住民族と連携して，これらの権利の行使を承認しかつ保護するために効果的な措置をとるとする。

（2）技術遺産と特許権

　未来技術遺産，機械遺産などとよばれるものが，それぞれ国立科学博物館と一般社団法人　日本機械学会によって登録されている。

　① 未来技術遺産

　未来技術遺産は，国立科学博物館が定めた登録制度により保護される，先進技術による文化財の愛称で，正式名称は重要科学技術史資料になる。次世代に継承していくうえで重要な意義を持つ資料および国民生活・社会・経済・文化のあり方に顕著な影響を与えた資料の保存と活用をはかるのを狙いとして，過去に遡り，時代を画した技術製品が登録される。

　2008年10月9日に，第1回登録製品が制定され，以降，毎年一度選定されている。未来技術遺産に選定されると，その製品の所有者に登録証を交付し，同博物館のウェブ上で公開される。これまで「エンタテインメントロボット AIBO ERS-110 ―家庭用として初めて事業化され販売されたエンタテインメントロボット―（製作年：1999年）」，「人工知能ロボット（ETLロボット Mk1）―世界初の作業用ハンド・アイ・システム―（製作年：1970年）」，「八木・宇田アンテナ―世界最初の超短波ア

ンテナ―（製作年：1930年）」などが登録されている。

② 機械遺産

　日本機械学会は，2007年6月から，我が国に存在する機械技術面で歴史的意義のある機械遺産を認定している。それは，歴史に残る機械技術関連遺産を保存し，文化的遺産として次世代に伝えることを目的とする。その分類は，歴史的景観を構成する機械遺産S（Site），機械を含む象徴的な建造物・構造物L（Landmark），保存・収集された機械C（Collection），歴史的意義のある機械関連文書類D（Documents）になる。これまで「東京帝国大学水力学及び水力機講義ノート（真野文二／井口在屋教授）」，「自働算盤（機械式卓上計算機）パテント・ヤズ・アリスモメトール」，「札幌市時計台の時計装置」，「からくり人形　弓曳き童子」などが登録されている。

　登録される未来技術遺産や機械遺産のなかには，製作年からいって，特許権の保護期間にあるものが想定しうる。

(3) 文化財と人格権

　世界遺産のスペインの「アントニガウディ作品群」のなかの一つに数えられるサグラダ・ファミリアがユネスコに登録されている。サグラダ・ファミリアは，ガウディ没後100年となる2026年に完成する予定と発表されている。ガウディの頭の中で完成していた無体物のサグラダ・ファミリアという建築の著作物または図形の著作物が有形物として建造されるときには，著作者の経済的権利（著作権）は，すでに消滅している。文化遺産となっているサグラダ・ファミリアの方には，ガウディという著作者の人格的権利（氏名表示権と同一性保持権）が見いだせる。

　同様のことは，発明等についてもみられる。1786年，階差機関は，J・

H・ミューラーによって考案され，その後，1822年に，チャールズ・バベッジによって再発見（再発明）される。階差機関は，1862年の万国博覧会で未完成のまま公表され，1991年にバベッジの設計に基づいて階差機関（Difference Engine No.2）が組み立てられている。階差機関の機能が再発見（再発明）されてから170年後に実証されたことになり，そこには階差機関の開発にかかわった発明者たちの人格的権利（発明者掲載権）が見いだせる。

文化財等は一定の条件のもとに登録され，文化財等として保護される対象になる。また，文化財等には，美術の著作物等と同様に，それらの知的財産権者とは別に文化財等を管理する所有者がいる。文化財等を展示したり教育目的等で使用したりするときは，知的財産権者と文化財等管理者の使用許諾を必要とする場合がある。

5．まとめ

博物館と知的財産は，著作物を対象とするとき，著作権（copyright）の法的対応で議論される。著作権は，我が国では著作者の経済的権利であることから，著作権とcopyrightは，翻訳関係にあるが，法的には同義ではない。また，漢字表記の著作権でも，中国では人格権と財産権が含まれ，韓国でも著作人格権と著作財産権が含まれる。

そして，権利の帰属についていえば，米国の「連邦著作権法」では視覚芸術著作物に人格権（moral right）を認めている。我が国の「著作権法」では，著作者の権利（著作者人格権と著作権）および実演家人格権と著作隣接権，さらに出版権（複製権と公衆送信権等）を考慮しなければならない。なお，中国では出版権の類似の規定は図書出版者の権利として著作隣接権によっている。また，著作権保護に有形的媒体への固定を要件とする米国の「連邦著作権法」は，著作隣接権の概念を有しない。

ところで，著作権の制限でフェアユースの検討がいわれる。しかし，感情の発露として創作的に表現された著作物を著作者の権利として保護する法理において著作権の制限規定を設けることと，合衆国憲法修正1条の表現の自由や報道の自由の例外として書かれたもの（writings）に限定して著作権のある著作物（copyrighted works）を認める法理のなかでの権利制限規定とは，前提が本質的に異なっている。

　オープンコンテンツに関しては，クリエイティブ・コモンズ・ライセンス（CCライセンス）が推奨される。CCライセンスは，権利制限規定に基づくときはライセンス規定に従わなくてもよいとあり，またパブリシティ権，プライバシー権，人格権は保証されていない。博物館における情報が，インターネットで流通・利用されるとき，たとえCCライセンスを標榜するとしても，上記で説明してきた我が国の法制度の対応が必要になる。

参考文献

児玉晴男「わが国の著作権制度における権利管理」『情報管理』，情報管理，Vol.57，No.2，pp.109-119（2014）

デジタルミュージアムに関する研究会『新しいデジタル文化の創造と発信（デジタルミュージアムに関する研究会報告書）』（2007）

知のデジタルアーカイブに関する研究会『知のデジタルアーカイブ〜社会の知識インフラの拡充に向けて〜――提言及びガイドラインの公表―』（2012）

児玉晴男，オープンサイエンスとオープンアクセスの法的な課題，最先端技術関連法研究，No.16，pp.1-19（2017）

児玉晴男「知的財産の登録と文化遺産の登録の法的効果」『マイクロソフト知的財産研究助成成果論文集』，公益信託　マイクロソフト知的財産研究助成基金　運営委員会，pp.129-138（2015）

6 | ユニバーサル・ミュージアムと情報・メディア

近藤智嗣

≪目標&ポイント≫　ユニバーサルデザインとは，できるだけ多くの人が利用可能なデザインのことである。博物館においても，ハンズオン展示や解説機器等，さまざまなユニバーサルデザインがある。ここでは特にメディアや情報技術による博物館のユニバーサルデザインを取り上げる。
≪キーワード≫　ユニバーサル・ミュージアム，ユニバーサルデザイン，アクセシビリティ，ハンズオン展示

1. ユニバーサル・ミュージアムとは

（1）ユニバーサルデザイン

　本章のユニバーサル・ミュージアムとは，ユニバーサルデザインの考え方を取り入れた博物館のことである。そのユニバーサルデザイン（universal design）とは，ノースカロライナ州立大学ユニバーサルデザインセンターのロナルド・メイス（Ronald L. Mace：1941-1998）が提唱した概念で「できるだけ多くの人が利用可能なデザイン」のことである。

　似た用語としてバリアフリーがあるが，バリアフリーは障がい者や高齢者等への配慮であるのに対して，ユニバーサルデザインは障がい者や高齢者だけでなく，さらに多くの人びとも対象にしている点が異なる。

　たとえば，図6-1はシャンプーとコンディショナーの写真だが，左がシャンプー，右がコンディショナーである。同じ製品シリーズのシャ

ンプーとコンディショナーは，容器の形状が同じ場合が多い。この写真の場合もそうだが，シャンプー容器の側面にギザギザ状のきざみがある。容器のキャップにもギザギザがついている場合もある。これは目の不自由な方のためだけでなく，目をつぶって髪を洗っているときは，触れば区別がつくことになる。また，右利きの人が使いやすいように設計されている物は，左利きの人には使いにくいということもある。最初からどちらの人にも使いやすいように設計された製品もある。このようなデザインがユニバーサルデザインの基本的な考え方である。

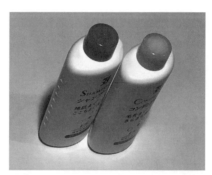

図6-1　ユニバーサルデザインの例

　ロナルド・メイスらは，以下のユニバーサルデザインの7つの原則を示している（和訳は筆者の解釈）。
　①　誰もが公平に使えること（Equitable Use）
　②　使いやすい方を選択できる柔軟性（Flexibility in Use）
　③　シンプルで直感的（Simple and Intuitive Use）
　④　必要な情報を効果的に伝える（Perceptible Information）
　⑤　万一のときへの対策（Tolerance for Error）
　⑥　体への負担の軽減（Low Physical Effort）

⑦　十分な大きさとスペースの確保（Size and Space for Approach and Use）

（2）ユーザビリティとアクセシビリティ

　ユニバーサルデザインの概念のなかには，ユーザビリティ（usability）とアクセシビリティ（accesibility）という要素も含まれている。

　ユーザビリティは「使い勝手」や「使いやすさ」という意味である。ユニバーサルデザインの7つの原則では，③シンプルで直感的，④必要な情報を効果的に伝える，⑦十分な大きさとスペースの確保がユーザビリティに関係している。ユーザビリティの評価は，ユーザビリティテスティングとして，ユーザーが実際の条件で使用し，使用時の行動分析等によって行われる場合が多い。この結果からインタフェースやデザインの改善が行われる。博物館では，展示解説機器の操作等でユーザビリティが良くなるように心がけなければならないということである。

　アクセシビリティは「アクセスできる」という意味で，目的地まで到達できるようになっているかということである。館内の案内情報，音声ガイド，スタッフ等が重要になる。また，Webアクセシビリティという用語も現在では広く使われている。たとえば，Web画面の文字が見えにくいと感じる人が，文字サイズを拡大したり，配色を変えたりできるようになっているか，目が不自由な人が音声ブラウザを使うときに情報が正しく伝わるように画像には代替テキストが付けられているか等である。2004年には，Web制作者が配慮すべき事項として日本工業規格（JIS）のJIS X 8341-3：2004「高齢者・障害者等配慮設計指針-情報通信における機器，ソフトウェア及びサービス-第3部：ウェブコンテンツ」が制定され，現在はJIS X 8341-3：2016になっている。Webアクセシビリティが確保できているかをチェックするWebアクセシビリティ評

価ツールとして総務省の miChecker 等がある。

(3)「障害者差別解消法」

全ての国民が，障害の有無によって分け隔てられることなく，相互に人格と個性を尊重し合いながら共生する社会の実現に向け，障害を理由とする差別の解消を推進することを目的として，2013（平成25）年6月，「障害を理由とする差別の解消の推進に関する法律」（いわゆる「障害者差別解消法」）が制定され，2016（平成28）年4月1日から施行された。これにより博物館の対応として，視覚障害者用音声ガイドや聴覚障害者用字幕等がよりいっそう充実されることになる。

2．宮崎県立西都原考古博物館の取り組み

(1) 概要

宮崎県立西都原（さいとばる）考古博物館は，2004（平成16）年4月に開館した博物館で，西都原古墳群の中にある（図6-2）。JR宮崎駅の近くからは，本数は少ないが直通のバスもあり，所要時間は約70分である。構想3年，開館準備に5年を経て開館している。博物館情報・メディア論に関係する特徴としては，1）常設展示ではなく「常新展示」という博物館展示の概念を提案し常に新しい情報が展示されている，2）ユニバーサルデザインを全面的に取り入れ，独自の提案がされている等が挙げられる。本節では，ユニバーサルデザインの取り組みについて紹介する。

図6-2　西都原考古博物館

(2) 床誘導ライン

　視覚障害者誘導用ブロックには，突起が線になっていて移動の方向を示す線状ブロックと，格子状になっていて注意喚起する点状ブロックの2種類がある。視覚障害者は靴底や白杖(はくじょう)で確認しながら，この情報を得ている。西都原考古博物館では，図6-3のように博物館の受付までは通常の大きさの視覚障害者誘導用ブロックになっていて，受付で説明を受けた後は，図6-4のように幅の狭いブロックになって館内を誘導している。

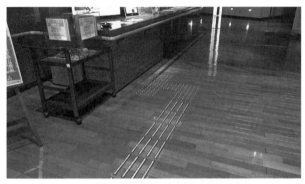

図6-3　受付までの視覚障害者誘導用ブロック

図6-4　受付以降の視覚障害者誘導用ブロック

（3）手摺と触察ピクト

　図6-5の左下にあるような手摺を伝っていくと留め具があり，そこには触察ピクトという立体絵文字がある（図6-6）。触察ピクトの意味は，下段右から2番目の胸像のような立体絵文字が現在地で，手の形の立体絵文字は触れることができる展示資料を表している。図6-5では，籠の上にある資料を触ることができる。落としてしまったとしても籠で受けられるようになっている。また，図6-6下段右の耳の形の立体絵文字は音声ガイドである。耳の形を押すと音声ガイドが流れる。そして，上段左から2番目が曲がり角，その右が直進，下段左端が展示室出入口というようにこの先の誘導が表示されている。図6-7は触察ピクトの一覧であり，受付の横に設定されている。展示室を観覧する前に触察ピクトのそれぞれの意味を理解しておけば，視覚障害者が1人でも展示を体験できるという宮崎県立西都原考古博物館独自の工夫である。この立体絵文字は点字に代わるものではなく，併用するものとされている。また，他の博物館等に普及するためには汎用的なシンボルに変更した方がよい立体絵文字もあるが，標準化されることで解決できると考えられる。

図6-5　展示室内の手摺と触察ピクト

102

図6-6　触察ピクト

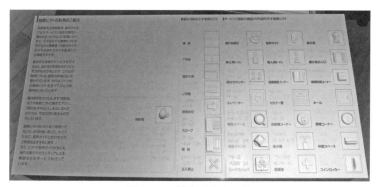

図6-7　触察ピクト一覧

(4) 触察マップ

　図6-8はトイレ前の壁に設置された触察マップである。触察ピクトと同じように現在地があり、トイレ内の設備が触れてわかるようになっている。

第6章　ユニバーサル・ミュージアムと情報・メディア　｜　**103**

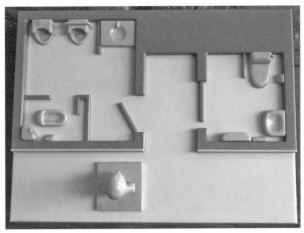

図6-8　触察マップ

（5）ハンズオン展示

　図6-9は，土器や古墳の模型等に触ることができるハンズオン展示である。実際の古墳は巨大なため近くに行っても全体像をつかむことは難しいが，展示室に置かれたミニチュア模型に触れることで，視覚障害の方も全体像をつかめるようにしている。

図6-9　ハンズオン展示

(6) 音声ガイド

　音声ガイドとしては，専用端末，PDA，スマートフォン等を使用する場合が多く，いずれも片方の手で機器を持ち，もう片方の手で操作しなければならない。端末は首からかけられることもあるがイヤホンを付けなければならない。

　宮崎県立西都原考古博物館の場合は，図6-10のガイドジャケットを装着するようになっている。ジャケットの両肩に内蔵されたスピーカーから音声が聞こえるためイヤホンは必要ない。耳を塞がないため，館内の案内や環境音も聞こえ，同行者との会話にも影響しないように配慮されている。

　ガイドの音声は，任意の場所に来たら赤外線に反応して自動再生される。図6-11は赤外線信号発光ユニットで，天井や展示資料の近くに設置されている。視覚障害者にとって最も良い状態になるように赤外線は手摺に向かって照射されている。

　ジャケットには，ガイドの音声データが入ったコンパクトフラッシュメモリーカードが入っている。メンテナンスや更新時は，このコンパクトフラッシュのデータを差し替えるだけでよくなっている。音声データは，多言語になっていて外国人来館者にも対応している。

第6章 ユニバーサル・ミュージアムと情報・メディア | 105

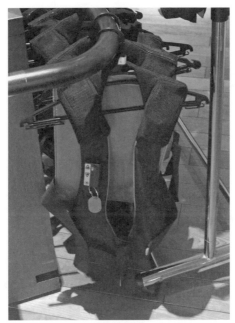

図6-10 ガイドジャケット

図6-11 音声ガイド用赤外線信号発光ユニット

(7) 西都原考古博ナビ

　スマートフォンやタブレット端末を使用した展示室案内マップと解説のアプリも用意されている（図6-12）。日本語，英語，中国語，韓国語に対応している。iOSとAndroid版があり無料で館内の無線LAN経由でダウンロードできる。貸出用のタブレットも用意されている。現在地の検出は，音声ガイドは赤外線だったが，西都原考古博ナビは，iBeaconが採用され，館内の約100か所に送信機が設置され位置検出に利用している（図6-13）。iBeaconとは，屋外でカーナビ等に使用されているGPSのように，屋内で位置情報を読み取れる仕組みである。スマートフォン等の端末は，Bluetoothをオンにしておかなければならないが，Bluetooth Low Energy（BLE）という低電力の技術を使っているため端末の電力消費を抑えることができるというものである。

　このシステムで計測された位置情報から館内マップ画面に現在地が表示される。また，展示資料の前のQRコードを読み取って，解説を見ることもできる。

図6-12　西都原考古博ナビ

図6-13　iBeaconの送信機

3. 南山大学人類学博物館の取り組み

（1）概要

　南山大学人類学博物館は，南山大学名古屋キャンパスの中にあり，JR名古屋駅からは地下鉄で20分くらいの場所にある。歴史は古く，1949年に南山大学附属人類学民族学研究所に陳列室が設置されたのが始まりで，1979年に南山大学人類学博物館となり，2013年10月の全面的なリニューアルで現在に至っている。博物館の理念は，すべての人の好奇心のために（For Everyone's Curiosities）で，「ユニバーサル・ミュージアム」を目指した博物館である。博物館の特徴は，ほぼすべての資料を手にとって触ることができることである。図6-14の写真のように壁に取り付けられた資料も取り外して触ることができる。また，図6-15のように，館内は台の高さ等が車椅子に対応して設計され，台の上の資料を触りながら観察できるようになっている。

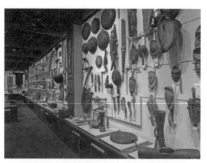

図6-14　南山大学人類学博物館

図6-15　車椅子に対応した台

(2) 資料に触れてもらうために

　ほぼすべての資料に触ってもらうことができる博物館であるが，むやみに触ると資料は破損してしまう。そこで資料の触り方の説明もしているのが南山大学人類学博物館の特徴といえよう。初めての来館者には受付で図6-16の資料を渡し，腕時計や指輪等は外すこと，資料を持ち上

第6章 ユニバーサル・ミュージアムと情報・メディア | 109

げる時，必ず両手を使って優しく支えるようにすること等を説明している。また，Webサイトには「資料をさわるコツ」も掲載されている。一部の展示資料前には図6-17のようにポップによる持ち方の説明がある。これらのような持ち方の説明をしたうえで，図6-18のように土器を持ち上げて底を見るような観察のポイントを示すことが可能になっている。なお，この触れる展示を行ってから破損事故はほとんどないとのことである。

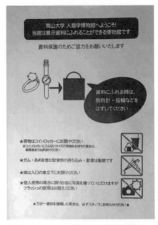

図6-16　入館時の注意書き

図6-17　展示資料の触り方説明ポップ　　図6-18　観察のポイント（土器を持ち上げて底を見る）

(3) 点字タグ

　各展示には，図6-19のような点字タグが取り付けられている。点字の情報は，文字の説明と同じ情報量になっており，視覚障害者は実物資料を触りながら，解説を読むことも可能になっている。

図6-19　点字タグ

4. その他のハンズオン展示

(1) 触覚で形を感じる始祖鳥標本のレプリカ（国立科学博物館）

　図6-20は，国立科学博物館地球館にある始祖鳥のサーモポリス標本のレプリカである。この展示の解説には「触ってみよう！羽毛の化石は繊細なので，ふつうは触ることはできません。指の触感で形を感じてください。」と書かれており，目の不自由な方のためだけでなく，誰もが指先で感じることに重点を置いた展示となっている。

第6章　ユニバーサル・ミュージアムと情報・メディア　│　111

図6-20　触覚で形を感じる始祖鳥標本のレプリカ

（2）音声対応ベルリン触地図

　図6-21は，ベルリンの環境・都市開発局のインフォメーションセンターに展示されている音声対応ベルリン触地図（Talking tactile model Berlin）である。これは触ることができる立体地図で，さらに，RFIDスキャナーとスマートフォンを使用することで約140のポイントの解説音声と文字情報を提示することができる。視覚障害者，聴覚障害者，旅行者（英語版）にも対応しているものである。この展示は，国際ユニヴァーサルデザイン協議会（IAUD）アウォード2015公共空間部門金賞を受賞している。

図6-21 音声対応ベルリン触地図

5. まとめ

　本章では，ユニバーサルデザインの理念，バリアフリーとの違い，7つの原則，ユーザビリティとアクセシビリティについて説明し，博物館における事例として，宮崎県立西都原考古博物館と南山大学人類学博物館を取り上げた。その他の例として，国立科学博物館の始祖鳥標本のレプリカ，音声対応ベルリン触地図を紹介した。ここに挙げた事例は，博物館におけるユニバーサルデザインのほんの一部にすぎないが，2016年4月1日に施行された「障害者差別解消法」によって，さらに，バリアフリー化が進み，それに合わせてユニバーサルデザインも普及していくと思われる。学芸員や博物館関係者が展示等を考えるときは，7つの原則と照らし合わせて工夫してほしいものである。

参考文献

ロナルド・メイス,https://www.ncsu.edu/ncsu/design/cud/about_ud/about_ud.htm,(2017.02.27取得)

広瀬洋子・関根千佳,情報社会のユニバーサルデザイン(放送大学教材)(放送大学教育振興会 2014)

広瀬浩二郎編著,ひとが優しい博物館:ユニバーサル・ミュージアムの新展開(青弓社 2016)

miChecker,http://www.soumu.go.jp/main_sosiki/joho_tsusin/b_free/michecker.html,(2017.02.27取得)

障害者差別解消法,http://www8.cao.go.jp/shougai/suishin/sabekai.html,(2017.02.27取得)

西都原考古博物館:ユニバーサルデザイン,http://saito-muse.pref.miyazaki.jp/web/universal.html,(2017.02.27取得)

南山大学人類学博物館:資料のさわりかたについて,http://rci.nanzan-u.ac.jp/museum/shoukai/sawaru.html,(2017.02.27取得)

音声対応ベルリン触地図,http://www.stadtentwicklung.berlin.de/planen/stadtmodelle/en/tastmodell_2000.shtml,(2017.02.27取得)

7 | 博物館教育の多様な機会と情報・メディア

大髙　幸

≪目標＆ポイント≫　博物館の多様な利用者は，博物館の内外でさまざまな学際的な学習・研究活動を展開している。これらの機会を想定し，貢献するため，博物館が提供する情報と各種メディアおよびその活用の具体例を参照しながら，博物館の取り組みや課題を検討する。
≪キーワード≫　博物館教育，e-ラーニング，メディアとしての博物館，参加型調査，VR，学際的学習・研究，検索，専門ポータルサイト，情報にかかわる格差，情報リテラシー

1. 博物館教育の特徴

（1）博物館教育のエッセンス

　教育・研究機関の一つである博物館は，その利用者が自らの関心に基づき，学びたい事柄や方法を主体的に選択・統合して，自分自身の教育（自己教育）や，子や孫といった他者の教育，あるいは友人等と自己との相互教育を行うのに役立つ，資料（モノやイメージ）や関連情報を享受する機会を有機的に提供している。このように，博物館における教育（博物館教育）は，その利用者の関心に基づく，主体的な学習（主体学習）に基づいて展開され，実物資料（一次資料）の鑑賞がその中心をなす（大髙　2016, pp.11-24）。

　博物館教育のもう一つの特徴は，上記のように，博物館利用者が意図的に何かを学習するだけでなく，本人が意図せずとも，いつの間にか何

かを学んでいる可能性が高いということである。こうした学習を非意図的偶発的学習という。たとえば，利用者が余暇や観光の一環として，インターネット上で博物館の情報を検索したり，来館したりした場合，本人は，自己教育の機会とは思わずに，いつの間にかさまざまなことを学んでいる。また，複数の人間がかかわる教育においては，気づかないうちに互いに影響し合い，相互教育が展開される。たとえば，親子や教師と生徒では，親や教師による他者教育だけでなく，子や生徒も親や教師に影響を与えている。このように，教育は，一方的ではなく当事者相互に作用しあう。博物館教育では，教育をこのように広くとらえている。

　博物館の活用法は，人によって多様であるだけでなく，個人においても，乳幼児，小学生，中・高生，大学生，成人，高齢者に至る人生の各時期で取り組むべき課題によって異なる。たとえば，未就学児や小学生の親や祖父母は，子や孫との手軽で安全な余暇・学びの場を探し求め，その一環として，博物館の家族プログラムに参加することがある。こうしたプログラムでのアンケートに記される大人の感想には，子や孫と楽しい時を過ごすことができて良かったという意見だけでなく，多忙な日々を忘れて自己を解放する機会を得ることができて良かったという意見も，繰り返し見受けられる（Otaka 2016）。人口減少に関連して子育て支援が社会の重要課題である日本において，ストレスの多い育児期の親世代を対象とした，身近で手軽な自己探究・他者との学び合いの機会を，博物館はいっそう拡充していくことが期待される。

　また，海外では，インターネットやデジタルメディアの活用により，博物館外から参加可能な双方向性の学習（e-ラーニング）プログラムを提供する博物館や，その一環として，大学等との連携によるカリキュラムに基づき，館内やインターネット上でシリーズ化されたプログラムを提供する博物館もある。たとえば，米国のアメリカ自然史博物館やニュ

ーヨーク近代美術館（ともにニューヨーク市）は，高等教育の大規模公開オンライン講座（Massive Open Online Course：MOOC）を配信する企業の一つであるコーセラ（Coursera 米国で2012年設立）のウェブサイトを通して，講座を有償で提供している。

このように，博物館教育の可能性は，対象集団，学習形態，時間と場所，メディアのいずれにおいても，拡がってきているといえよう。

（2）メディアとしての博物館

博物館は，その利用者とのコミュニケーションの媒体（メディア）であるといわれる。この点で，博物館は多数の人びとに情報を提供するマス・メディアと似ている。博物館は，展示を通して利用者にメッセージを伝えることから，展示もまたメディアといえる。このコミュニケーションにおいて，博物館のメッセージは，展示資料そのものと等しいわけではない。メッセージは，資料の研究成果をもとに博物館が提示する，資料に関する人文科学上，また自然科学上の「意味」である。つまり，博物館が資料や展示に関する情報を発信するとき，その情報は，研究成果による知見を表している。したがって，資料にかかわる研究は，博物館教育の礎であり，博物館利用者の博物館に対する信頼の基盤である。

また，博物館は，研究成果を蓄積し絶えず新たな知見を創造するメディアである。この過程では，博物館利用者も学習の一環として資料や関連情報を博物館に提供し研究に参画している。たとえば，利用者が資料に関する情報を提供する参加型調査には，地域の風俗や習慣に関する歴史・民俗学系や，植物や昆虫の生態等に関する自然科学系のものがある。

三重県総合博物館（津市）の子ども向け「お雑煮プロジェクト」は，歴史・民俗学系参加型調査の一例である。2014年の開館に先立つ2011年

度に，県内小学3・4年生を中心に募集した子どもたちから送付されたお雑煮調査カード（記入式・お雑煮の写真添付）により，お雑煮の汁（すまし・みそ等）や餅（丸餅・角餅等）の三重県内の分布状況を調査した。3,500枚近く提出された調査カードの整理や，県内の地域性を表した「お雑煮マップの作成」も，作業に応募した小・中学生とともに実施された。このプロジェクトの成果は，子どもたちが中心となって，三重県の食文化を代表する「お雑煮」についての調査が実現したことである（岸田，2012）。また，自然科学系参加型調査には，1970年代から行われてきたタンポポの生育環境・分布調査がある。その一環として，三重県総合博物館は，西日本19府県で一斉に行われた大規模な「タンポポ調査・西日本2015」にも参画した。

　参加型調査では，正確なデータの収集が要（かなめ）となる。三重県総合博物館における上記の調査では，お雑煮の写真やタンポポの実物を送付してもらい，データの精度を高めた。布谷知夫館長（当時）は，「参加型調査は博物館と利用者が共同して行う教育学習事業であり，また調査研究，資料収集にも直結する事業と位置付けることができる」と指摘する（2016，p.79）。このように，参加型調査は，メディアとしての博物館では，博物館と利用者が相互に作用し合うということを明らかにする，教育・研究機会の一例である。

　また，海外には，ニューヨーク近代美術館等，教育機会の提供にかかわる種々の内部文書や書簡，写真等を，附属アーカイブズで閲覧可能にしている博物館もある。これらの資料は，博物館教育史等の新たな研究成果の源泉となる一次資料の一端を形成する。メディアとしての博物館が蓄積・公開すべき教育資源としての情報は，博物館の機能や運営全般に及ぶといえよう。

(3) メディアとしての展示とその枠組

展示あるいは展覧会の鑑賞は，博物館利用者が博物館を訪問する主たる目的であり，博物館教育の重要な要素である。そこで，二つの事例を参照して，メディアとしての展示が持つ意味を考えてみよう。

第一は，海外の博物館の事例である。海外の博物館は，日本美術をどうとらえ，来館者にどう伝えようとしているだろう。たとえば，ロンドンのヴィクトリア・アンド・アルバート博物館（V&A）（1852年設立）の日本美術展示室（東芝ギャラリー　1986年公開）は，2015年の改装後，「日本美術の本質は一体どこに存在するだろうか」という問いを探究すべく，6世紀から今日にいたる美術・工芸作品等を時代別・テーマ別に展示している。この展示の特徴は，美術作家の作品以外のモノ（写真，服飾，ストリート・スタイル，家具，プロダクト・デザイン等）にも視野を拡げていることである。たとえば，近現代の一角の「かわいいもの礼賛 Cult of the Cute/*kawaii*」のテーマ展示にはロリータ・ファッションのコスチュームやハローキティ柄の炊飯器も展示されている（図7-1）。この炊飯器は，あっという間に人気を博すようになり，来館者はこぞって写真に収めているという（Faulkner　2017）。

このように，V&Aの日本美術展示室は，日本国内の博物館（美術館を含む）の日本美術の展示とは異なった枠組で「日本美術」の概念を提示し，情報を発信しているといえよう。V&Aが日本美術の本質の存在を認めたさまざまなモノを介して，日本の生活文化の多様性を生き生きと伝える，興味深い展示である。

第二は，佐賀県立名護屋城博物館（唐津市）の常設展示である。特別史跡「名護屋城跡並びに陣跡」は，豊臣秀吉による文禄・慶長の役（壬辰・丁酉倭乱　1592-98）の出兵基地であり，日本列島と朝鮮半島の長い交流史のなかで，その関係を一時断絶させた不幸な歴史の舞台である

第7章　博物館教育の多様な機会と情報・メディア　│　**119**

図7-1　ハローキティ柄の炊飯器ⓒVictoria and Albert Museum, London

とともに，日本の歴史上にも類をみない，広域かつ特異な遺跡群でもある（東中川　2009, p.3）。日本列島と朝鮮半島との交流史をテーマとする名護屋城博物館は，文禄・慶長の役（壬辰・丁酉倭乱）を侵略戦争と位置づけ，その反省のうえに立って，名護屋城跡に隣接して1993年に開館した。その常設展示室は，日本列島と朝鮮半島との長い交流の歴史をたどり，今後の双方の交流・友好の推進拠点となることを目指して，文禄・慶長の役（壬辰・丁酉倭乱）を中心に，約2万年前から現代に至る「日本列島と朝鮮半島の交流史」に関する双方の資料を織り交ぜて展示している。

　たとえば，7年に及ぶ文禄・慶長の役（壬辰・丁酉倭乱）という戦争が，朝鮮国土を荒廃させただけでなく，豊臣政権の衰退を早めたことも，古文書や絵図等の各種史料，日本語と韓国語による解説パネル，解説ビデオ，オーディオ・ガイド，モバイル機器による解説等，さまざまなメディアにより伝えている（**図7-2**）。

　館に設置の来館者の『ご意見ノート』やアンケート用紙には，展示に

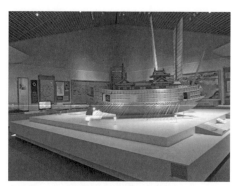

図7-2　佐賀県立名護屋城博物館の常設展示室（撮影：大髙幸）

対する賛否両論が記されてきた。浦川和也学芸員（2004年当時）は，「私どもは日本中心的歴史観と韓国中心的歴史観のどちらにも偏らない形で展示していこうと，また，日本の資料と韓国の資料を併置していこうと努めています」と述べている（2004, p.67）。

　名護屋城博物館の常設展示は，テレビの時代劇や映画で繰り返し描かれてきたステレオ・タイプの秀吉像の枠組みを超えて，秀吉と彼が起こした侵略戦争に関する歴史情報を知り得る機会を提供しているといえよう。また，上記の『ご意見ノート』やアンケートは，来館者が展示に関する自己の考えを振り返る機会，それらを博物館が知り得る機会を提供している。メディアとしての博物館では，このように，意見表明・意見交換のためのさまざまなメディアを内包することが重要である。

　さらに，名護屋城博物館は，近年，モバイル機器（貸出タブレットや訪問者所有のスマートフォン）活用による城跡散策時の案内ソフト等を開発してきた。これらの新しいメディアには，本丸等城跡の中心部（3万 m^2）とその周囲58箇所で360度の仮想現実（Virtual Reality：VR）の映像等を楽しむことができる＜VR名護屋城＞や，解説を伴うクイズ形

式の＜肥前名護屋城の謎を解く＞がある（口絵2）。このように，名護屋城博物館は，博物館と名護屋城跡を一体とした歴史・文化資源と位置づけ，館内で上映される映像解説＜幻の巨城　肥前名護屋城＞（約10分間）や展示とともに，各種メディアによる情報提供を推進してきた（松尾　2016）。

VR等のデジタル映像資料は，博物館に蓄積されてきた長年の研究成果による綿密な考証に基づき制作される必要がある。名護屋城博物館で開発されてきた映像資料は，利用者の声の傾聴による拡充や，多種，高精細コンピュータ・グラフィックス（CG）を特徴とするだけでなく，従来の展示における時空の枠組みを超えた，研究成果を知り得る新しいメディアの例でもあるといえよう。

2. 博物館を活用した学際的学習・研究

第1節で学んだように，メディアとしての博物館の活用法は，多岐にわたる。そこで，博物館が提供する情報・メディアを，利用者はどのように活用しているかについて，利用者の側から考えてみよう。ここでは，学芸員を目指す人はもちろんのこと，博物館利用者にも参考となる，大学生の学習・研究や余暇におけるメディアとしての博物館の活用について，学芸員資格課程で学ぶ二人の事例を通して検討しよう。

（1）現代社会学専攻の大学生の学習・趣味における博物館利用

第一は，都内の大学で，社会学的アプローチから現代社会における環境と科学技術に関する学習を進めている堀江さん（男性）の事例である。休日等の自由時間に，映画鑑賞，読書，文化施設巡りをするのが好きな堀江さんは，これまで，学校や大学での学習・研究や趣味の一環として，次のような博物館関連の情報資源やメディアを活用してきた。

- 博物館の図書室：世田谷美術館，横浜美術館，横浜市歴史博物館
- 刊行物：博物館の年報，紀要
- 雑誌：『美術手帖』，『芸術新潮』
- テレビ番組：＜日曜美術館＞（NHK），＜美の巨人たち＞（テレビ東京），＜ぶらぶら美術・博物館＞（BS日テレ）
- ウェブサイト：『art scape』，『ART iT』，新聞各社データベース

　これらのうち，刊行物以降は，博物館外での活用が可能なメディアである。また，雑誌，テレビ番組，ウェブサイトは，博物館との連携により，従来のマス・メディア（新聞，雑誌，ラジオ，テレビ等）に加え，インターネット上の検索エンジンを介して，情報サービス企業等（マス・メディアのウェブサイトを含む）が，展覧会情報や批評等を発信している。博物館の著作物にも，デジタルメディアが含まれ，堀江さんは，それらを大学図書館の検索システム等を通して活用している。

　これらの博物館外で活用可能な情報に加え，堀江さんは，自由時間に博物館を訪問するのが好きで，たとえば，「現代社会で生じている問題と直結した，現代美術や産業をテーマにした博物館・美術館の展示により，未来について考えさせられたことが，印象に残っている」という。

　堀江さんのコメントにも表れているが，博物館にかかわる情報は，一般に，博物館利用者の学習・研究に寄与するものなのか，あるいは趣味・余暇に寄与するものなのかを，明確に区分することができない。また，私たちは，自己にとって有意義と思われる情報を，多様なメディアを横断的に探求し，自在に摂取していて，その選択肢の一つとして，博物館にかかわる情報資源を，「一人十色」とでもいえる仕方で，館種横断的・学際的に活用している。博物館情報の活用におけるこれら二つの

傾向は，インターネットが社会に広く浸透し，情報の受発信が容易なデジタルメディアが普及する今日，いっそう顕著になってきている。高等教育における学習・研究活動を本分とする大学生は，多様なメディアの最たる利用者グループであるといえよう。

（2）近世史における卒業論文研究にかかわる大学生の博物館利用

いうまでもなく，卒業論文は，大学生が学習・研究成果をまとめて新しい知見を発信する一大事業である。そこで，第二の事例は，放送大学人間と文化コースの卒業生の白谷さん（女性）の卒業論文研究の道筋における博物館利用を参照してみよう。白谷さんは，近世中後期の下総国佐倉藩における「麻賀多明神祭礼」の運営のあり方を，同藩ゆかりの近世史料等をひもといて研究し，卒業論文において，この祭礼が城下町で行われていたものの，藩主導の「城下町祭礼」というより，祭礼費用の大部分を町方が負担する等，「町方の祭礼」に近い性質を持つものであると推定した（白谷　2016）。

この研究のきっかけは，日本の歴史に関心を持った白谷さんが，ミニゼミで佐倉藩士渡辺善右衛門著『古今佐倉真佐子』の翻刻を通して古文書の読み方を一から学んだことだった。白谷さんは，ゼミの菅原憲二客員教授の指導のもと，歴史研究の方法を学び，さまざまな博物館，図書館，資料館等の所蔵史料に関する情報を，ウェブサイト上での検索や来館での鑑賞，閲覧により入手した。その過程には，次のような調査・研究活動が含まれる。

- 東京国立博物館（台東区）のウェブサイト上の「コレクション」中，「研究データベース」の「古地図データベース」の中で＜下総国千葉付近図＞や＜関東絵図＞を検索し，閲覧。
- 国立国会図書館の「デジタルコレクション」で，『佐倉風土記』，

『江戸砂子』や，「日本古城絵図」の中で＜総州佐倉城図＞，＜下総佐倉城＞，＜下総佐倉城図＞を検索し，閲覧。
- 佐倉新町おはやし館（佐倉市）に来館し，展示されている城下町古地図の写真や祭礼の山車人形を閲覧・鑑賞。
- 西尾市岩瀬文庫のウェブサイト上の「古書ミュージアム」中，「蔵書・古典籍書誌データベース」で，佐倉藩の地図の所蔵を確認後，訪問し，地図（実物）を閲覧。その場でスケッチ。スタッフから西尾市資料館を紹介される。
- 西尾市資料館を訪問し，企画展『城絵図展』（2016年）で＜下総国佐倉城図＞（佐倉新町おはやし館で写真が展示されている地図の実物）等，佐倉藩城下町および佐倉城の詳細な地図を鑑賞し，関連刊行物を購入。後に同館のウェブサイト上で「刊行物（図書・報告書）一覧表」を検索し，再確認。
- 国立歴史民俗博物館（佐倉市）のウェブサイト上の「データベースれきはく」中の「研究成果・論文目録データベース」中，「旧高旧領取調帳」で，各種古文書において不明な旧村名を，旧国名，旧郡名から検索して調査。図書室で研究に関連する出版物を閲覧。
- 千葉県文書館で下総佐倉藩堀田家文書（佐倉厚生園所蔵）のマイクロフィルム（大谷貞夫編　雄松堂　1989）を閲覧。
- 早稲田大学のデジタル・アーカイブズ「古典籍データベース」で，『江戸砂子』，『成田名所図会』，『利根川図志』等を閲覧。

歴史研究では，古文書，地図，絵図といった複数の種類の史料に当たり，これらを照らし合わせて考察する必要がある。白谷さんもこれらの史料を探し求め，各史料を丹念に調査・研究している。白谷さんは，古典籍等のデジタル化された史料がウェブサイト上のデジタル・アーカイブズで公開されることは，タイトルのみからでは不明な詳細情報を入手

できるだけでなく，拡大可能であることから，細部の研究に有益であると指摘する。

　また，白谷さんは，卒論研究と関連して，国立歴史民俗博物館の特別展『行列に見る近世―武士と異国と祭礼と―』(2012年度) や，『中世の古文書―機能と形』(2013年度) の展示構成や図録から，卒論の構成へのヒントを得ただけでなく，図録を卒論で引用している。

　この事例のように，卒論研究等の歴史研究では，要となる史料を，博物館（美術館を含む），図書館，大学等のさまざまな研究・教育機関や個人が所有していて，研究者がそれらの所在を突き止め，一次資料に当たるということは，時間と労力を要する。この研究過程は，歴史以外の学問分野における資料にもいえることである。

　これら二人の大学生は，博物館の資料に関する情報を，さまざまなメディアにより，巧みに活用している。インターネットやデジタルメディアが浸透している今日，私たちの生涯にわたる探究活動において必要な資料や先行研究に関する情報入手の利便性は，飛躍的に向上してきた。それを左右するのは，ウェブサイト上での検索活動である。したがって，博物館が利用しやすい検索システムを構築し，ウェブサイト上で情報を公開するということは，博物館利用者への貢献の可能性を拡大するといえよう。

　たとえば，国立歴史民俗博物館は，日本の歴史・文化の研究に資すべく，1996年にインターネットを介した検索サービスの提供を開始した。「データベースれきはく」は，館蔵資料データベース，館蔵図書データベース，研究成果・論文目録データベース，記録類全文データベースで構成され，拡充・改良されてきた（宮田　2014）。このうち，館蔵資料データベースでは，歴史民俗資料には専門的な用語が付与されていることが多いため，一般利用者が検索しやすいように，比較的平易な語から

出発して，専門的な資料名称に到達できるよう，高度な検索手段についての検討が進められてきた（鈴木　2015）。また，立命館大学国際平和ミュージアム（京都市）のウェブサイトで2016年より公開されている収蔵資料データベースでは，各資料のキーワード，資料群名称の表示等を行い，関連する資料にたどりつける仕組みを取り入れている（篠田　2016）。

　複数の博物館等の連携により構築される，特定のテーマに関するデータベースを，専門ポータルサイトという。その構築には，複数の関係者の協働による情報収集に始まり，検索システムの設計・拡充のためのプラットフォーム（共通の基盤）が必要である。その例には，文化庁が運営する「文化遺産オンライン」がある。このサイトでは，ポータルサイトを「電子情報広場」と位置づけ，「全国の博物館・美術館等から提供された作品や国宝・重要文化財など，さまざまな情報をご覧いただけます」と，主旨を記している。

　専門ポータルサイトの構築は容易ではない。その前段階として，博物館が公開データベース等で，特定の資料やテーマに関連する他機関のリンクを提示するだけでも，利用者の利便性は増すといえよう。

3. 高度情報化時代の博物館教育の方向性と課題

　インターネット等でデジタル化された情報を容易に入手できる今日においても，博物館の実物資料が持つ情報の価値が減ずることはない。博物館は，資料に始まり，展覧会，文献，マス・メディア，インターネット等を活用して，利用者の声に耳を傾けながら，その情報入手の利便性を高めていくことが求められる。

　また，インターネットが浸透する今日においても，博物館による双方向性の e-ラーニングの機会の提供は，大学等の教育・研究機関に比べ

て，進んでいるとはいえない。日本の博物館においては，インターネットやデジタルメディアを活用した，博物館内外での博物館教育の内容・教授法の研究・開発および運営のための予算と組織の確保・拡充が必要であるといえよう。

　さらに，高度情報化時代である今日，情報通信技術（Information and Communication Technology ICT）を使いこなせる人と，使いこなせない人には，情報の受発信，コミュニケーションを行ううえで，格差（デジタル・ディバイド digital divide）が生じるといわれる（青木・高橋　2014）。その一方で，インターネット上では，「偽ニュース」が事実と誤認されたまま瞬時に世界中に拡散することが社会問題化している。また，インターネット，とりわけソーシャルメディア（Social Networking Service：SNSやブログ等）から情報の大半を入手する人びとは，入手する情報が偏る傾向があるということも明らかになってきた。

　デジタルメディアを日常的に活用する時代に生まれ育ち，ICTを使いこなすデジタル・ネイティブ（digital native）と呼ばれる世代も含め，人びとが膨大な情報をメディアを介在して受発信する今日，情報の真偽を含む価値の見極めは，私たちの日常生活における重大な課題である。情報にかかわる格差の是正は，人びとの情報の価値判断能力の向上にかかっているともいえよう。

　「偽ニュース」やフィクションを含む多様な情報が氾濫する今日，博物館は，信頼できるメディアを求めて止まない忙しい私たちが，「当たり前だ」，「正しい」と思い込んでしまっていることを立ち止まって見直したり，今，あるいは未来のために，何が重要かを落ち着いて考えたりする機会を提供してくれる，「スローな探究」の場の一つでもある。

　博物館が，信頼に足るメディアとして，コミュニケーションにより利用者の情報リテラシー（情報の受発信能力であるとともに，情報の価値

を判断し，使いこなす能力）向上に貢献するということは，今後ますます期待されていくと考えられる。このことは，高度情報化時代における博物館教育の課題ともいえよう。

〔付記〕本章は，第22回日本ミュージアム・マネージメント学会シンポジウムでの筆者の発表「多様性とコミュニケーション：スローな文化の場としての博物館」（2017年6月3日）に基づき，加筆修正した。

参考文献

青木久美子・高橋秀明『日常生活のデジタルメディア』（放送大学教育出版会　2014）

浦川和也「佐賀県立名護屋城博物館の建設と会館10年の歩み」『歴史展示のメッセージ』pp.35-68（アム・プロモーション　2004）

大髙幸・端山聡子編著『博物館教育論』（放送大学教育振興会　2016）

岸田早苗「成果と課題」『お雑煮プロジェクト～新博ティーンズプロジェクト PART III 成果報告書』pp.21-22（みえミュージアム活性化事業実行委員会　2012）

篠田裕介「立命館大学国際平和ミュージアムにおける資料整理と収蔵資料データベースシステムの開発について」『立命館平和研究―立命館大学国際平和ミュージアム紀要―』第17号 pp.103-108（2016年3月）

白谷茉莉「近世中後期における下総地域の祭礼―麻賀多明神祭礼を中心に―」（放送大学提出卒業研究論文　2016）

鈴木卓治「共同研究の経緯と成果」鈴木卓治編『国立歴史民俗博物館研究報告　第189集〔共同研究〕デジタル化された歴史研究情報の高度利用に関する研究』pp.1-14（歴史民俗博物館振興会　2015）

布谷知夫「タンポポ調査の経過と「タンポポ調査・西日本2015」での三重県の調査結果」『三重県総合博物館研究紀要』No.2 pp.69-79（2016年3月）

東中川忠美「佐賀県立名護屋城博物館について」『佐賀県立名護屋城博物館　総合

案内』p.3（佐賀県立名護屋城博物館　2009）

フォークナー，ルパート（Faulkner, R.）「生まれ変わった東芝ギャラリー：ヴィクトリア・アンド・アルバート博物館の日本美術展示室」『国際シンポジウム要旨集　日本美術をみせる―リニューアルとリノヴェーション―』pp.15-16（海外ミュージアム日本専門家連携・交流事業実行委員会2016（東京国立博物館）2017）

文化庁　文化遺産オンライン　http://bunka.nii.ac.jp/（2017年9月9日取得）

松尾法博「肥前名護屋城復元 CG の制作とその活用―バーチャル名護屋城事業と博物館の活性化―」『研究紀要』第22集 pp.1-22（佐賀県立名護屋城博物館　2016年3月）

宮田公佳「情報システム」国立歴史民俗博物館三十年史編纂委員会『国立歴史民俗博物館三十年史』pp.313-316（国立歴史民俗博物館　2014）

Coursera https://www.coursera.org/（2017年4月12日取得）

Otaka, M.(2016), 'Museum family programmes as a model to develop democratic education : A pedagogy inspired by the principles of *Cha-no-yu*', *International Journal of Education through Art,* 12 : 1, pp.39-56, doi : 10.1386/eta.12.1.39_1

8 │ 博物館の情報・メディア拡充へのさまざまな連携

大髙　幸

≪目標&ポイント≫　博物館は，研究促進，展示やプログラム，情報公開サービスを含む教育機会提供の拡充，これらの実現を可能とする運営体制向上のために，市民グループや専門家，他機関等と情報を共有し，多様な形態の連携を展開している。その具体例を参照しながら，博物館の連携への取り組みや課題を検討する。

≪キーワード≫　研究に関する連携，教育機会提供に関する連携，運営管理に関する連携，情報の共有化，ネットワーク

1. 博物館にかかわる連携

(1) 連携はなぜ必要か

　今日，博物館は，さまざまな連携をはかっている。博物館における連携について学ぶにあたり，最初に，連携はなぜ必要か考察してみよう。

　前章でも学んだように，今日，博物館の利用者は，博物館の内外で博物館が提供するさまざまな教育機会を享受し，必要に応じて博物館が発信する情報を活用している。利用者の関心や課題は，一館の博物館の領域をはるかに超えて学際的であることから，博物館もまた，資料の収集・保管・研究・展示を含む教育という主要な機能のいずれにおいても，学際的な情報収集・活用・提供が求められているといえよう。さらに，博物館が抱える問題の解決や機能の拡充を効率的に進めるために，運営管理のあり方においても，多様な情報収集・活用・提供が必要とな

っている。

　このような必要に応じて，博物館は他の博物館，専門家，保育園，幼稚園，学校，大学，図書館，公民館，病院，その他の地域の公共施設，企業，マス・メディア，国や地方自治体，特定非営利活動法人（NPO），その他の市民グループ等，さまざまな機関，法人，事業体，グループ等と連携をはかっている。

（2）連携のカテゴリー

　博物館と他者との連携は多岐にわたるが，本章では，連携をおよそ次の各カテゴリーでとらえ，検討したい。いずれの連携においても，情報の収集・共有化・発信が連携の可否を左右するといえる。
- 学際的研究促進にかかわる連携
- 学際的教育機会提供にかかわる連携
- 広報にかかわる連携
- 運営管理にかかわる連携

　上記のカテゴリーは密接に関連しあっている。したがって，博物館と他者との連携は，一つのカテゴリーだけでなく全体に作用する。連携は，このように，博物館の収集・保管・研究・展示を含む教育という各機能とその運営管理全般に波及することを特徴とする。裏を返せば，博物館と他者との連携は，博物館の運営上，連携の重要性が内部組織で認識され，運営体制に裏打ちされたものでないと，継続は難しいといえよう。

2. 博物館と他者との連携事例

　本節では，具体例を参照しながら，博物館と他者との連携のあり方とその成果を考察していくが，各事例においては，上記のカテゴリーのいずれにかかわっているかに留意しながら，検討することとしよう。

（1）千葉県立中央博物館にかかわる連携

　千葉県立中央博物館（以下「中央博物館」）は，県民の自然と歴史に関する知的需要に応え，その生涯学習に貢献するとともに，科学の進歩に寄与することを目的とし，自然誌（自然を克明に記述・記録すること）を中心に，歴史も加えた博物館として1989年に設立された（新　2016）。全体として，生態園を含む本館（千葉市）および分館・海の博物館（勝浦市），大利根分館（香取市），大多喜城分館（夷隅郡），房総の山のフィールド・ミュージアム（君津市）で構成される。

　中央博物館は，さまざまな連携を推進してきた。ここでは，特定非営利活動法人千葉まちづくりサポートセンター（以下「NPOセンター」）等との2002年から今日に至るユニークな連携を参照しよう。両者は，連携により，共催による調査・研究活動，本館等での展示開催，振り返りシンポジウムとその報告書の出版を実施してきた。

図8-1　千葉県立中央博物館の構成（提供：千葉県立中央博物館）

NPOセンター栗原裕治代表は，「アミューズメントを娯楽，楽しみととらえるなら，人間の最高・究極の娯楽は学習することであり，ゆえに，博物館は最高・究極のアミューズメント施設である」と「私たちが考える博物館像」を語る。中央博物館と同センターとの連携のきっかけは，2002年6月12日の新聞報道だった。千葉県が行財政改革の一環として，県内11館の県立博物館の統廃合，市町村への移譲，民間委託，入場料の有料化を，検討課題として打ち出すことを報じた記事である。この突然の報道に衝撃を受け，NPOセンターは，都道府県歳出に占める博物館費の割合が千葉県は全国11位であり，博物館運営費が県財政逼迫(ひっぱく)の主要因ではないという認識に立ち，同年7月29日に知事に「変革と創造の中核拠点の縮小は公約違反」であるとの意見書および県民の生涯学習機会の提供や自然との共生の実現，政策形成過程への県民参画の仕組み等に関する質問状を提出した（栗原　2016）。
　同年9月4日付けの教育庁からの回答には，次の点が明記された。
- 「千葉からの『変革と創造』」の観点に立ち，市町村立や私立博物館を含む「県内博物館ネットワーク」の整備充実をはかる必要がある。
- 県民の意見を十分参考としながら，県立博物館のあるべき姿の具体的検討を進めていく（NPOセンター　2003，p.87）。

　この回答をふまえ，2002年9月から2003年3月の間，NPOセンターは，自主的な博物館研究を実施した。その一環として，記述式県民アンケート（回答数540），博物館館長アンケート（回収数11），および自治体職員，博物館職員，専門家，NPOセンター会員の発表・議論による2002年11月のシンポジウム（千葉県自然保護連合主催）が実施された。この自主研究の段階から，連携が始まっている。さらに，その結果をふまえ，NPOセンターは，次の三提言を盛り込む報告書『県立博物館構

想に関する県民提言』を2003年に出版した。

提言Ⅰ　県立博物館は地域の課題解決に取り組み，次の6つの期待に応える公共施設として，主体的に運営を行う。

①市民とのネットワーク・協働によって，市民と響きあう博物館
②地域の文化・科学情報の発信基地となり，地域の文化や自然といった環境と共生し，人も環境も共に育つまちづくりの拠点としての博物館
③今日とこれからの視点を大切に市民とともに地域の新しい価値やライフスタイルを創造する社会教育機関としての博物館
④地域資源を発掘・保全し，これを有効に活用し，そして地域の課題を解決する支援体制が整備された博物館
⑤子どもの健全な育成を支援する博物館
⑥具体的な評価の方法を示し，評価を受け，自ら主体的に質を上げることができる博物館（NPOセンター　2003，p.1）

提言Ⅱ　今日の県財政逼迫は博物館の運営に起因するものではなく，支出削減を理由にした博物館統廃合計画には反対する。県の博物館施設は博物館の役割を確認し，評価システムを構築することを前提に，次の視点で進めていくことを求める。

①提言Ⅰの博物館への6つの期待に応える博物館施策の充実
②施策決定プロセスの徹底した情報公開と当事者である県民や博物館の参画（千葉デモクラシーの実現）（NPOセンター　2003，p.2）

提言Ⅲ　各博物館は，当面の課題として可能な部分から県民やNPOとの協働を積極的に進めるとともに，そのための体制（基本方針，制度，環境など）を整備し，行政と市民による新しい公共性を構築する一翼を担う。

①干潟の保全への市民の関心の高まりを受け止め，干潟の特別展の開催や干潟保全など，課題解決に向けた市民との共同研究を実施する。

②三番瀬や盤洲などの干潟をフィールド・ミュージアムとして登録し，環境教育に活用していく。
③博物館研究費の増額や専門研究員の欠員補充を図り，地域との協働を博物館の本務の一つと位置づけた上で組織運営をする（NPOセンター 2003, p.2）。（④-⑬割愛）

　これらの提言をふまえ，県で予算化された2003年度千葉県NPO活動提案募集事業において，収集・保管，調査・研究，学ぶ，楽しむ，交流，まちづくり支援という6項目を念頭に置いた博物館の評価尺度づくりが表8-1の事業により，博物館の一般利用者や複数のNPO，県，専門家等と博物館との連携により実施された（NPOセンター 2004）。

表8-1　2003年度「新世紀において千葉の博物館が生み出すべき価値の検討と評価尺度づくり」事業の概要

事業	内容
①利用者からみた博物館サービスの評価	一般利用者および博物館活動参加者（ボランティア，NPO会員等を含む）数名が，全県立博物館（11施設），市町立博物館（7施設），計18施設を訪問し，96項目を評価
②博物館が生み出す価値の洗い出し	博物館活動参加者，博物館職員，県NPO推進課職員等がワークショップを3施設等で実施
③博物館のサービス提供プロセスの現状調査	博物館活動参加者，経営評価の専門家，博物館が選んだ第三者機関が，中央博物館の経営の質を評価

　その後今日に至るまで，NPOセンターは，博物館や他のNPO等との連携・協働により，次のような活動を展開してきた。
　①独自の博物館評価尺度の提案（NPOセンター 2004）
　②市民企画による中央博物館本館等における展示
　③フィールド・ミュージアムの普及

このうち，①のNPOセンターが提案した博物館の評価尺度は，2004年度に千葉県が構築し，2005年度から運用を開始した県立博物館評価制度づくりの参考になった（新　2008年）。また，博物館の見直しの過程で，旧千葉県立大利根博物館および旧千葉県立総南博物館は，2006年に中央博物館大利根分館，大多喜分館となった。

　なお，フィールド・ミュージアムとは，中央博物館が打ち出してきた基本的な概念で，地域の自然，歴史・文化資産とそれらを研究対象とする博物館の研究者，そこを生活の場とする市民とが協働し，モノや情報の収集，調査・研究，学び，感動，知的欲求，情報発信といったすべての面において，博物館（研究者，組織）とフィールドが所在する地域とが密接にリンクして成立するミュージアムの形態を意味する（新　2016）。なお，この概念は第1章で言及した野外博物館とは異なる。

　その一環として，2007年度以降，NPOセンターを含む市民団体と博物館との共催で，県内の干潟や貝塚，里山等の現地調査・研究，成果の企画展（於中央博物館本館等），博物館役職員や専門家，市民団体参加による振り返りシンポジウム（於中央博物館本館），報告書の出版を行ってきた（**図8-2，8-3**）。中央博物館では，これらの連携による成果の情報を蓄積し，その報告書等を図書室に収蔵し，一般公開している。

　NPOセンターは，今後も，千葉県内の干潟や里山等，市民主体の環境保全活動を，フィールド・ミュージアム構想を展開する中央博物館や，他のNPO，地域住民等と連携して，継続・推進していく予定である。

　このように，NPOセンター等の市民グループと千葉県立中央博物館との連携は，「博物館はなぜ必要か」という博物館利用者の側から提起された根本的な問いとその追究，提言活動を軸に，それらに博物館や運営母体の県が対応したことに端を発し，活動や連携の枠組みを拡大しな

図8-2 フィールド・ミュージアム活動（千葉市若葉区谷当町の放棄水田の復元活動で遊ぶ子どもたち）（写真提供：NPOバランス21）

図8-3 フィールド・ミュージアム活動（船橋海浜公園内で干潟の生態を解説する学芸員と参加者）（写真提供：フィールドミュージアム・三番瀬の会）

がら調査・研究，展示や出版（情報収集・蓄積・発信）をしてきたことを特徴とする。博物館の機能・運営自体の民主化に深くかかわる長期にわたるこの連携は，情報共有・議論・協働によって継続されてきた。利用者の視点に立った博物館の存在意義や運営のあり方を考察するうえで示唆に富む，長期的・継続的な連携の事例であるといえよう。

(2) 三重津海軍所跡（佐賀市）にかかわる連携

　国史跡三重津海軍所跡（以下「海軍所跡」）は，江戸時代に海外との窓口であった長崎の警護を任せられていた佐賀藩が，もともと和船管理に用いていた三重津（筑後川支流の早津江川河口付近）に，1858（安政5）年にいち早く設置した，洋式船に関する知識・技術の教育訓練所（御船手稽古所・船屋地区）に始まり，その後設置した海軍の教育訓練所（稽古場地区）や洋式船の修理・建造所（修覆場地区）と併せた三地区全体を，「海軍所」と位置づけた一帯の遺跡である（図8-4）。明治期における藩の廃止に伴い，佐賀藩の海軍は解体され，海軍所もその役

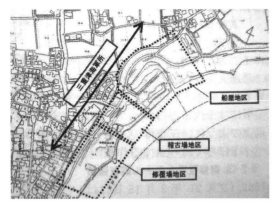

図8-4　三重津海軍所跡全体図（提供：佐賀市教育委員会）

割を終えた。したがって，海軍所跡は，幕末の海軍の様子や日本の伝統技術と自然環境を巧みに活かした洋式船の運用方法を知り得る，貴重な近世末期の遺跡であるといえよう。

　2015年7月に，日本の近代化の原動力となった明治の産業革命遺産（製鉄，製鋼，造船，石炭産業）が，一まとまりの遺産群として世界文化遺産に登録された折，海軍所跡も造船分野の構成資産の一つに含まれた。調査結果に裏付けられた，日本の在来技術と西洋技術の接点が，世界文化遺産としての価値を有すると認められたことによる（前田　2015）。

　幕末の海軍所跡が評価された理由の一つに，発掘調査で明らかになってきた当時の海軍所における高い土木技術が挙げられる。三重津付近の早津江川は，水深が深く，巨大な洋式船の渡航を可能とした。しかしながら，洋式船の建造・修理は，水際で大量の水の侵入を防ぐ扉と渠壁（きょへき）を備えた，大規模なドライドックを必要とする。海軍所では，試行錯誤の末，三重津における干満の差に関する自然科学の知識や早急に学んだ西洋の技術をふまえ，木材と複数の種類の土の層を絶妙に組み合わせた日

本の伝統的な土木技術を駆使して，日本初のドライドックを構築した（中野　2015）(図8-5)。このドックは，海軍所が日本初の実用蒸気船凌風丸の建造の地になった所以でもある。世界遺産と認められたこの知恵と工夫は，「地球に優しい」今後のものづくりや暮らし方を考える上でも，示唆に富むといえよう。

図8-5　ドライドック遺構（一部）の原寸大写真展示
（写真提供：佐賀市教育委員会）

　遺跡保存のため，今日，ドライドックを始めとする海軍所の遺構は，残念ながら埋め戻されている。そこで，訪問者の海軍所跡探究に役立つ，さまざまな情報が提供されている。まず，海軍所跡には，隣接して佐野常民記念館（入館無料）があり，佐賀藩士だった佐野常民（1822-1902）とのかかわりを通して海軍所を知ることができる。佐野は，海軍所の稽古場に勤務した経験があり，明治期には日本赤十字社を創設した人物である。記念館では，佐野常民の人生，日本赤十字社の歩み等をたどる常設展・企画展が実施されるとともに学習・交流の場も併設されている。

また，佐野常民記念館3階には，海軍所跡を一望しながら，海軍所について学べる展示室（インフォーメーションコーナー）がある。ここでは，前述のドライドックにおける技術力の粋等に関して，実物資料を含む次のようなメディアによる情報が提供されている。

- 幕末の海軍所全体のデジタル大画面（利用者がタッチした箇所の解説が表示されるタッチ・パネル）
- 発掘されたドックの渠壁（部分）の原寸大の写真
- ドックの渠壁やドックに停泊する洋式船の復元模型
- 満潮時に早津江川からドックに船を引き入れたり，ドックへの水の侵入を防ぐために，干潮時にドックをせき止めたりする過程をアニメーション映像等で表すモニターや，複数の図による解説パネル
- 海軍所に関する年表や解説パネル
- 発掘された出土品（ボルトやナット，洋式船用の特注の食器等）

さらに，記念館では，＜三重津タイムクルーズ＞と題して，2種類の映像資料を無料で提供している。第一は，海軍所跡の各訪問者に貸し出す，＜みえつSCOPE＞というVR体験型スコープである。散策の際，数箇所でこれを着用すると，音声解説とともにスコープ上に幕末当時の海軍所の全景や各地区，洋式船の映像や出土品が，360度の全方位の仮想空間の中で現出するというもので，実物大の洋式船やドックの仕組み等を，迫力ある壮大なパノラマとして体感することができる（図8-6, 図8-7）。

第二は，記念館1階の直径6mのドームに映し出される＜みえつドームシアター＞という，海軍所の概要に関する映像解説プログラム（約6分半）である（図8-8）。海軍所跡に関する映像資料は，いずれも，映像だけでなく音声解説を織り交ぜていることを特徴とする。

図8-6 ＜みえつSCOPE＞
（写真提供：佐賀市教育委員会）

図8-7 修覆場地区の製作場（洋式船の修理のための部品の製造や補修を行った場所）の映像例
（画像提供：佐賀県）

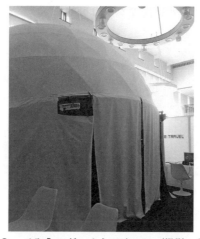

図8-8 ＜みえつドームシアター＞（撮影：大髙幸）

　このように，海軍所跡に関する研究成果や世界文化遺産としての価値を一般市民が理解しやすくするため，言語による解説や実物資料と併せて，模型や図，表，映像を駆使したさまざまなメディアが有機的に用いられている。

海軍所跡にかかわる連携には，上記のような佐野常民記念館による訪問者への各種メディアによる情報提供のほか，佐賀県立佐賀城本丸歴史館（佐賀市）における研究，関連資料の展示，広報支援や，世界遺産に一括登録された他の近代化遺産群との情報の共有・共同提供，広報活動も挙げられる。

　また，海軍所跡の発掘は継続されており，複数の機関の連携により近隣の人びと等に発掘体験の機会が提供されている。さらに，近世末の遺跡である海軍所跡に関する研究は，考古学，古文書調査を始めとする歴史学等の知見により推進されてきたが，未だに謎も多く，土木や建築，鉄鋼，木材関連等，相互に関連しあう分野の大学や産業界の専門家が海軍所跡に強い関心を寄せ，これらの専門家で構成される各種学術団体等と海軍所跡の発掘調査を行ってきた佐賀市教育委員会等との連携により，学際的な研究が展開されてきた。ドライドックの遺構等にみられる海軍所の技術に関連するものだけでも，連携による近年の学際的研究の成果発表・検討の場には，次のような例がある。

- 木材利用研究会（佐賀県）を中心とする木材活用に関する国際シンポジウム実行委員会主催2014年国際シンポジウム（於佐賀市）
- 一般社団法人日本鉄鋼協会鉄鋼プレゼンス研究調査委員会主催2015年『幕末佐賀藩三重津海軍所跡の学際研究』シンポジウムおよびその報告書
- 公益社団法人地盤工学会関東支部土木史跡委員会主催2015年江戸期以降の土木史跡をテーマとする地盤工学会シンポジウム
- 2016年刊行の研究書『幕末佐賀藩の科学技術』（全2巻）および佐賀大学経済学部の同年同名の特別講座（全16回）

　こうした連携により，海軍所の遺跡が表す技術力の詳細が多方面から明らかになってきた。その研究成果は，諸分野の専門家の間で共有され，

今後の産業界に役立てられるだけでなく，海軍所跡に関する展示資料や，展示室の外でも利用可能なVRやCGを含む映像資料，文献，ウェブサイト等，各種メディアによって提供される情報の内容や発掘体験等の学習の機会にも反映され，海軍所跡に関する一般市民や研究者の知識を深めるための源泉になっていく。

　いずれの博物館においても，資料に関する研究は，新たな知見により進展していく。連携による学際的研究の推進は，博物館がその利用者に提供する情報の質を絶えず高めていくうえで重要であり，教育・研究機関である博物館の使命そのものと不可分であるといえよう。

3. 博物館の情報・メディア拡充への連携と今後の課題

　二つの事例を検討してきたが，このほか，博物館にかかわる連携には，多様な利用者の学際的学習・研究を支援するため，異なる種類の博物館の連携，あるいは学校や図書館等，他機関との連携による教育プログラムの実施が挙げられる。たとえば，福岡市美術館は，福岡市動物園との連携による，子どもから大人まで誰もが参加できるプログラム（2013年開始）や，学校，図書館，公民館，病院等との連携によるプログラムを実施してきた。

　最後に，博物館は，教育・研究や運営上の課題や展望を共有し，問題解決をはかっていくために，より大きなネットワークも形成している。博物館関連の学会がその最たる例であり，学会や学会誌，会報，ウェブサイト上のデータベース，メーリングリスト等のメディアを通して，さまざまな情報の受発信が行われている。

　研究分野ごとにも多様な形態のネットワークが存在する。たとえば，前章でも触れた大規模なタンポポの生育環境・分布調査の一つである「タンポポ調査・西日本2015」は，公益社団法人大阪自然環境保全協会

内に事務局を置き，19府県の博物館，大学等と市民との連携により実現した。徳島県の事務局，徳島県立博物館（徳島市）は，ウェブサイト上で，県内の調査概要や関連の展覧会・報告会等に関する情報を公開するとともに，西日本全体の調査の全容が公開されているタンポポ調査・西日本実行委員会のウェブサイトやその調査報告書（PDF）にリンクして，アクセス可能にしている。また，公害資料館連携フォーラムでは，博物館，資料館，大学，企業，市民等が連携し，公害問題に関する発表や議論，情報交換の場が，例年設けられている。

　こうした連携における課題として，連携により創造・蓄積されてきた情報をいかに保存・更新し，活用しやすくしていくかということが挙げられる。インターネットやデジタルメディアが私たちの身近な存在になった今日において，研究の効率化をはかり，情報の受発信の利便性を高めるための方策の一つとして，前章でも言及した専門ポータルサイトの構築・運営が考えられるが，財源や管理業務従事者の確保を始め，運営体制にかかわる多くの課題にどう対処していくかが問われている。

参考文献

栗原裕治「博物館と市民はいかに響き合うか」（日本ミュージアム・マネージメント学会　コミュニケーション・マネージメント研究部会における発表，2016年12月17日）

新和宏『21世紀型博物館評価制度の課題と提言―その導入，そして博物館の変革に向けて―』（財団法人日本科学協会　2008）

新和宏「多様化するニーズに即応するミュージアムの可能性」（日本ミュージアム・マネージメント学会　コミュニケーション・マネージメント研究部会における発表，2016年12月17日）

タンポポ調査・西日本実行委員会『タンポポ調査・西日本2015　調査報告書』（タンポポ調査・西日本実行委員会　2016）http://gonhana/sakura.ne.jp/tanpopo2015/（2017年6月3日取得）

徳島県立博物館「タンポポ調査・西日本　徳島県のトップページ」http://www.museum.tokushima-ec.ed.jp/ogawa/tanpopo2015/index.php（2017年6月3日取得）

特定非営利活動法人千葉まちづくりセンター『「県立博物館構想に関する県民提言」報告書』（特定非営利活動法人まちづくりセンター　2003）

特定非営利活動法人千葉まちづくりセンター『新世紀において千葉の博物館が生み出すべき価値の検討と評価尺度づくり』（特定非営利活動法人まちづくりセンター　2004）

中野充「三重津海軍所跡の発掘調査結果」『幕末佐賀藩三重津海軍所跡の学際的研究―予稿集―』pp.21-48（日本鉄鋼協会鉄鋼プレゼンス研究委員会　2015）

幕末佐賀藩の科学技術編集委員会編『幕末佐賀藩の科学技術』（上・下）（岩田書院　2016）

前田達男「佐賀藩近代化事業と佐賀市重要産業遺跡」『幕末佐賀藩三重津海軍所跡の学際的研究―予稿集―』pp.1-20（日本鉄鋼協会鉄鋼プレゼンス研究委員会　2015）

9 | 科学系博物館における情報・メディア

有田寛之

≪目標&ポイント≫　博物館が収集した資料からはさまざまな情報が引き出される。それらは調査研究の成果となって表れるだけではなく，展示や学習支援活動を通して社会に還元される。
　博物館の展示にはさまざまな年代の，多様な利用目的を持った来館者が訪れる。同じ展示資料を見ても，そこから受ける印象や得る情報は来館者ごとに異なる。では，このように多様な利用者の，個々のニーズに合わせた情報発信を行うにはどうしたらよいだろうか。
　本章では，国立科学博物館の事例をもとに，展示における多様な利用者に向けた情報発信について紹介する。
≪キーワード≫　博物館体験，博物館疲労，情報発信，展示解説の階層化

1. 展示における情報

　「博物館法」において展示とは何か，という詳細な記述はないが，第2条では「展示して教育的配慮の下に一般公衆の利用に供し」とあり，第3条にも「一般公衆に対して，博物館資料の利用に関し必要な説明，助言，指導等を行い，又は研究室，実験室，工作室，図書室等を設置してこれを利用させること。」とある。つまり，資料をただ並べるわけではなく，人びとの学びに結びつくことを念頭に置いた，資料の公開が必要とされている。
　博物館の展示は，資料を介して博物館と利用者がコミュニケーションを行う場であるととらえると，博物館から利用者に向けたメッセージを

伝えるためのメディアということもできる。それぞれの館が扱う分野に合わせたテーマを設定し，博物館から利用者へのメッセージを伝えるためのストーリーを構築し，そのストーリーに沿って資料が配置され，必要な情報が付加される。

必要な情報というのは，資料に関する情報，つまり台帳やカードに記載されている情報が基本となり，資料の背景にある歴史や学術分野に関する解説，展示のストーリーとしての全体的な概説などへと広がってゆく。これらは，パネルに印刷された文字や写真が基本となる。コミュニケーションを分類する視点の一つに，言語情報か非言語情報か，というものがあるが，博物館展示の場合，資料（非言語情報）と解説（言語情報）の組み合わせが基本となる。

博物館には多様な世代の，さまざまな目的意識を持った利用者が訪れる。博物館が伝えたい情報やメッセージを，動かない資料と文字による解説のみですべての来館者に効果的に伝えるのは難しい。そこで，動きのある展示や，触ったり操作したりできる仕組み（ハンズ・オン展示）を導入したり，解説においては音声や映像といった各種視聴覚メディア，人間による実演や解説などを加えたりすることにより，動きのある現象を表現する，利用者のレベルに合わせた情報提供を行う，といったことが可能になり，さまざまな来館者のニーズに合わせたコミュニケーションが促進される。

2. 展示における学びの多様性

博物館は上で述べたとおり，小さな子どもからお年寄りまで，誰もが楽しみながら学ぶ場として最適な生涯学習施設の一つである。

博物館展示における人びとの体験については，展示から何を学ぶか，という視点からとらえることができる。現在では，学術的な知識を博物

館から来館者へ一方的に伝えることだけが展示における学びではないと考えられている。博物館展示をどう解釈し，何を感じ，何を理解するかは個人ごとに異なり，あらかじめ博物館が用意した知識を得ることだけが学習の成果ではないととらえられている[1]。

また，人間には環境のなかの規則性，因果関係を求める傾向があるといわれている。これは4歳児にも備わっている機能であり，人間は自分を取り巻く世界を整合的に理解しようとする。理解のためには，新しく入ってくる情報を既有の情報と関連づけ，そこに整合的な関係を見いだす必要がある。そして，このような作業には，単なる情報の付加に比べて多くの心的努力が要求される。つまり，何らかの理解を伴う学習には時間がかかり，時間に追われて多くのことを速やかに処理しなくてはいけない環境では深い理解は達成できないと考えられている[2]。

博物館に訪れる来館者がどのような知識を持っているかは，個人ごとに大きく異なるため，同じ展示を見てどう解釈するかも来館者ごとに異なるだろう。そのため，来館者が展示を見て，何らかの理解をするために必要な情報は個々に異なる可能性があり，博物館は多様な来館者に対し，できるだけ多様な情報発信の窓口を用意する必要がある。

一方，博物館に出かけて大変疲れたという経験がある人は多いだろう。このような博物館特有の「疲れる」現象は以前から知られており，約100年前にボストン美術館のBenjamin Ives Gilmanによって博物館疲労（museum fatigue）と名付けられた[3]。

博物館疲労の原因は主に展示室内での利用者の行動が挙げられる。資料を保護するための薄暗い照明の展示室の中を，立ったまま歩いてさまざまな資料を見つつ，難解な解説を読んで考える行為を繰り返せば，疲労が蓄積されることは容易に想像できるであろう。また，展示デザインという観点から，展示資料への照明の当たり方，展示空間の色使いやコ

ントラストという要因も考えられている。そのため、博物館建築においては、博物館疲労を少しでも軽減するため、資料をより見やすくするために空間はシンプルに作り、床より天井を明るくし、200m^{2}または順路100m以上の空間では精神的、肉体的に休息できる場を設ける、などといった具体的な指摘もなされている[4]。

多様な来館者がさまざまなものの見方、考え方を持つため、個々の興味・関心に対応する情報を提供することで、多様な学びが促進される一方、展示を見学する空間は、資料をできるだけ目立たせてその他の要因が見学を妨げない方が、より快適なものとなり、自発的に学ぶ環境という点でも好ましい。人びとの多様な学びを促進する博物館展示を実現するためには、多様な情報とシンプルな空間構成という、これら二つの要素を両立させるという難しい課題をクリアしなくてはならない。

3. 展示における多様な情報発信—利用者の多様な学びのニーズに応える

博物館展示において、多様な来館者の学びに対応するために提供すべき解説情報のうち、主な種類を表9-1にまとめた。

これらの情報をすべての博物館が用意するのはそう簡単ではない。すべての情報を用意できた場合でも、展示室内にまんべんなく掲示しようとすると、展示室が解説パネルや映像であふれてしまい、展示資料よりも目立ってしまう。また、来館者が自分にとって必要な情報がどこにあるか探す手間もかかり、博物館疲労をかえって誘発する原因にもなりかねない。

そのため、基本情報はすべての来館者にアクセスできるようにする必要があるが、それ以外の情報については必要な人が必要なときに得られる仕組みを用意することができれば理想的である。

一つの方策として、展示室において人間による解説や実演を行うこと

表9-1　博物館展示における解説情報の主な種類

情報の種類	特徴
基本情報	台帳やカード，ラベル等に書かれている，展示資料の基本情報。この情報はすべての博物館活動の基本であり，この情報なしでは博物館が成り立たない。展示では，ラベルやキャプションと呼ばれ，展示資料の脇に小さなパネルとして示されることが多い。
詳細情報	展示資料に関してより詳しく知りたい人には，詳細情報を提供する必要がある。資料を調査研究して明らかになった結果や，展示資料に関連する学術分野の情報があると，来館者にとってより深い学びにつながる。また，現在進行中の研究に関連した最新情報を随時提供することができれば，同じ展示資料を違った角度から見ることができ，何度も訪れたことがある来館者に対しても新たな学びの機会を提供できる。
周辺情報	展示資料をより身近に感じてもらうためには，資料の入手経緯や調査研究の過程，資料にかかわった人への取材など，展示資料の周辺情報をインタビューやメイキング映像等により見せるという方法もある。展示資料の歴史を学べるというだけでなく，学術的に難解な情報が苦手な人にも，展示のなかにある人間的な面から興味・関心を持つきっかけを提供できる。
世代別情報	子どもは大人に比べて既有の知識が少ないので，いきなり難解な情報を与えられても理解するのは難しい。そこで，楽しみながら段階的に学ぶため，文章表現を和らげるといった工夫以外にも，クイズやゲーム，マンガ形式といった，情報の提供方法について考慮する必要がある。また，子ども向けの情報があることで，専門的知識がない保護者にとっても，親子でコミュニケーションをはかりながら展示を楽しむきっかけとなる。
多言語情報	知識レベル以外の要素も考慮する必要がある。まず，さまざまな外国人に配慮した，解説情報の多言語化である。また，視覚障害者や聴覚障害者と健常者が同じ環境で展示空間を楽しめるよう，点字やハンズ・オン展示の導入，音声を使った情報の提供なども効果的である。
経路情報	大規模な展示においては，膨大な展示資料のなかから自分が見たいものを見つけるのは難しい。また，あまり長時間滞在できない来館者からは，関連する展示資料を短時間でまとめて効率的に見たいという要望もある。そこで，目的の展示資料にたどり着くまでの経路，同じテーマの展示資料を効率よく見るためのルートを提示できるようにする必要がある。さらに，より効率的な展示見学のためには，休憩場所やお手洗い，レストランや売店，出口等への経路も示されるとより便利である。

がある．対面式のコミュニケーションであれば，利用者のレベルに合わせた解説を行う，あるいは動きのある現象を見せるといったことが可能になり，さまざまな来館者のニーズに合わせた情報発信を行えるだけでなく，身振りや手振り，表情といった非言語情報を介することによって，博物館と来館者のコミュニケーションはよりスムーズになる．全国の多くの博物館でボランティア制度を設け，展示室でのコミュニケーション活動を行っているのは，このようなニーズに応えることにつながっている．しかし，学術的な内容を理解し相手のレベルに合わせてわかりやすく伝えるスキルを持つ人，外国語に精通している人をすべての開館日に確保するのは容易ではなく，さらに，すべての来館者が必ずしも人を介した情報伝達を望んでいるわけでもない．

　印刷物を活用するという方法もある．各種言語で書かれた館内の案内地図は最もよく見かけるものだろう．そのほかにも展示品一覧，目玉展示へのルート案内，おすすめ見学コース，学校団体向けのワークシート，野外の自然展示であれば見頃の動植物の案内など，来館者の属性や季節等の時期に合わせた情報を提供することができる．また，図録として冊子を販売することもある．ただし，一種類の情報に対して一つの印刷物が対応するため，さまざまな情報を得ようとすると，来館者はたくさんの紙資料を持って展示室を回る必要が生じてしまう．また，博物館も印刷物の補充，改訂などを常に行う必要がある．

　そこで，必要な人にのみ必要な情報をより効果的に提供する方法として，情報通信技術の活用が考えられる．多くの情報を，展示室に設置したコンピュータ端末や来館者自身が持ち歩く携帯型通信機器に集約することで，来館者は自分が必要とする情報を膨大なパネルのなかから探すのではなく，各種端末から取り出せばよくなる．その結果，展示空間に情報をあふれさせることなく，個々の来館者のニーズに合わせた情報発

信が可能となり，迅速な情報の更新もできるようになる。また，博物館情報のデジタル・アーカイブ化は国を挙げて推進しており，デジタル化された博物館情報の活用という面においても重要である。さらに展示室と同じ情報をインターネット上で発信することも可能となり，来館の予習や復習に役立てられるほか，3Dデジタル技術等を用いることにより表現の多様性も高まる。

4. 国立科学博物館の展示における情報発信

（1）国立科学博物館の常設展示

　国立科学博物館は1877年に創設された教育博物館を起源とし，現在我が国において国立としては唯一の総合科学博物館である。自然史および科学技術史の中核的研究機関として，また，日本における主導的な博物館として，人びとが地球や生命，科学技術に対する認識を深め，人類と自然，科学技術の望ましい関係について考えてゆくことに貢献することを使命としている。

　国立科学博物館の常設展示は，1996年にまとめられた「国立科学博物館展示将来計画」に基づき，2004年11月に地球館をグランドオープンした後，2007年4月に日本館をリニューアルオープンした。その後，2015年7月には地球館の一部リニューアルも行っている。

　すべての展示を通じたテーマは「人類と自然の共存をめざして」であり，国立科学博物館の使命に沿ったものとなっている。地球館は長方形の平面を持つ建物で，展示室は地上3階，地下3階の計6フロアからなる。地球館では「地球生命史と人類」というテーマで，地球誕生から人類の進化，人類が発展させてきた科学技術についての展示を行っている。日本館は1931年に竣工した国指定の重要文化財であり，建物を上空から見ると飛行機に似た形をしている。主翼にあたる部分の地上1階

から3階までが展示室として使われ,「日本列島の自然と私たち」というテーマで,日本列島の形成とそこに生息する多様な生物相,日本人の祖先から現代人までの人類史,日本人が自然と共存しながら発展させてきた技術について展示を行っている。

これらの大きなテーマ設定のもと,地球館はフロア単位,日本館は各階の翼単位で具体的なテーマを定めた展示を展開している。例として図9-1に国立科学博物館地球館1階のフロアマップ（2017年3月現在）を示したが,ここでは地球館全体の導入部である「地球史ナビゲーター」に続いて「地球の多様な生き物たち ―みんな,関わり合って生きている―」というテーマで地球上の現生生物の多様性について展示を行っている。フロア内は6つのゾーンに分かれ,ゾーンの中は複数の展示ユニットからなり,通し番号が振られている。ほかの展示室でも同様に,いくつかのゾーンに分かれ,各ゾーンは複数の展示ユニットから構成される。

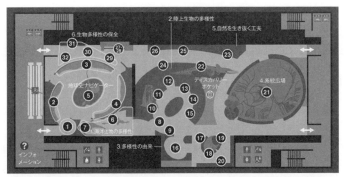

図9-1　国立科学博物館地球館1階のフロアマップ

このように国立科学博物館の常設展示は大きなテーマから細かい内容まで階層構造を持っている。その解説計画を策定するにあたっては,表9-2に示すように解説情報についても階層化を行うとともに,より効

果的な情報発信のためにデジタル化を行った。

表9-2 国立科学博物館常設展示の展示解説パネル構成5

本にたとえると	日本館解説パネル構成			地球館解説パネル構成
	パネル等の名称	性格		パネル等の名称
部	フロアメッセージ（250字程度）	各部屋を統括するメッセージを表現する。		フロアメッセージ
章	ゾーンパネル（100字〜150字程度）	各ゾーンのメッセージを表現する。		ゾーン解説（設計当時はチャンク解説）
節	ストーリーパネル（150字〜200字程度）	全体を通すストーリーの骨格部分になる。		チャンク解説
項	細目パネル（150字〜200字程度）	主要展示物について解説する。		細目パネル
段落	キオスク解説	すべての展示物について解説する。		キオスク解説

　階層化においては，先に示した展示の構造に従い，展示空間の大きさに基づく情報の分類を行った。地球館ではフロア全体で伝えたい内容をフロアメッセージとして提示し，その下位にゾーンごとの解説，ゾーン内には展示番号に対応するチャンク解説6があり，さらに細かい内容は細目パネルとして展示室内に掲示することとした。地球館は1フロアあたりの展示面積が約 1,500m² あり，すべての展示を一筆書きのように順番に見学しようとするととても長い時間がかかるため，ゾーンや展示

番号単位で興味がある内容のみを好きな順に見学しても内容が理解できるよう，このようにエリアごとの概要を示すことを重視した。そのため展示番号ごとの概説（チャンク解説）に加え，展示の概要がイメージできるキャッチコピー（チャンクコピー）も用意した。一方，個々の展示資料に関する解説は，後述するキオスク端末の中に集約した。地球館常設展示における解説情報の具体例は図9-2に示した。

　日本館常設展示の解説計画でも地球館における階層化と同様に，フロアメッセージ，ゾーンパネル，ストーリーパネル，細目パネルという順に全体から個別の解説へという情報の流れを作り，個々の展示資料の解説はキオスク端末に集約した。日本館では各翼の面積は$300m^2$程度であるため，来館者には強制はしないものの順番に見学してもらうことを想定し，各展示室のストーリーを追いながら理解できるよう，核となる解説をストーリーパネルの中で展開するという設定にした。

　地球館，日本館とも，グラフィックパネルとして展示室内に文章が提示されているのはフロアメッセージから細目パネルまでであるが，キオスク端末ではフロアメッセージから個々の展示資料の解説まで見ることができるほか，展示資料に関連する詳細情報や，写真や動画なども見ることができる。そしてこれらの解説は日本語のほか，英語，中国語，韓国語にも対応している。展示資料数は地球館だけで1万点以上あり，すべての資料に関する解説をグラフィックパネルにし，さらに多言語の解説パネルまで設置すると，展示空間は文字が書かれたパネルであふれてしまう。そこで，このように解説のデジタル化を行うことで，多くの情報を展示室内にあふれさせることなく提供できるようになる。また，デジタル化されることで，インターネットでの情報発信も可能となるため，キオスク端末の情報のうち，著作権等知的財産権の処理が行われたものに関しては，国立科学博物館のウェブサイトでも公開している。

①入り口にあるフロアタイトル(4カ国語)とフロアメッセージ	②ゾーン入り口のタイトル(4カ国語)とゾーン解説

③マングローブ林の展示の脇に生態映像のモニタやキオスク端末を設置	④展示番号,タイトル(4カ国語),チャンクコピー,チャンク解説が表示されている

⑤キオスク端末には④の情報に加え,詳細解説,展示資料ごとの解説がある	⑥個々の展示資料の情報は「展示物の解説」を選択し,一覧から該当する資料を選択

図9-2 階層化された展示解説の事例
(国立科学博物館地球館1階⑩マングローブ林を例に)

（2）情報通信技術の活用例—キオスク端末

　キオスク端末とは，多くはタッチパネル式の，無人で稼働する情報端末である（図9-3）。キオスク端末を展示室内に設置することで，グラフィックパネルで解説を行うには細かすぎる情報や写真，映像といった各種視聴覚メディア，年齢別の情報，多言語による展示解説等を提供することができる。博物館展示でこのような端末を見たり操作したりした経験がない人には，銀行のATMや駅の自動券売機をイメージしてもらえれば良いだろう。メニュー画面から自分が行いたい操作を選択しながら次へ進んだり，日本語以外の言語への切り替えができたりするといった機能は銀行や駅にある端末も博物館の端末も共通である。

　国立科学博物館の常設展示におけるキオスク端末では，日本語の一般向け解説と子ども向け解説，英語，韓国語，中国語による解説を見ることができる。また，館内で貸し出されているICカードにあらかじめ言語や解説レベルといった属性を設定することで，端末に設置されたリーダにかざせば属性に合わせたトップページを自動的に表示できる。

図9-3　国立科学博物館地球館展示室のキオスク端末

(3) 国立科学博物館の特別展

　国立科学博物館の展示は常設展示だけでなく，企画展示と呼ばれる，数週間から数ヶ月間に期間を限定して開催する展示もある。ここでは，企画展示のうち大規模なものである特別展について触れる。

　日本の博物館には，新聞社やテレビ局などと共同で特別展（企画展）を開催するという独特の仕組みがある。展示という点で，常設展示のところで述べた，提供する情報の種類や，情報の階層性の整理など，情報提供に関する基本的な構造は共通であるが，常設展示に比べ開催期間が短いため，常設展示とは異なる以下のような特徴も持つ。

　まず，特定のテーマに焦点を絞った展示の開催という点がある。学術研究の進展による最新学説の紹介，「○○発見100年」といった周年事業など，数ヶ月ごとにさまざまな研究分野の成果を紹介することが可能となる。国立科学博物館では恐竜学の最新研究成果を紹介する特別展を数年おきに開催しているほか，関東大震災から80年を迎えた年には地震を，日本南極観測50周年を迎えた年には南極をそれぞれ取り上げた特別展を開催するなど，時宜を得たテーマ設定をしている。

　また，扱うテーマの絞り込みを行うことに関連し，特定の利用者層をメインターゲットとする展覧会の開催も可能となる。国立科学博物館では，先に述べた恐竜のほかにも哺乳類など，子どもから大人まで楽しめるテーマの特別展を定期的に開催する一方で，ダイヤモンド，チョコレート，ワインなど，対象年齢がやや高く，科学系博物館にふだん足を運ばない人も関心を持つようなテーマを取り上げる特別展もこれまで開催してきた。

　さらに，情報通信技術の活用においては，常設展示のような長期的な運用が不要なため，最新技術を実験的に導入しやすかったり，マスコミとの共催であるため大がかりな映像技術を活用しやすかったりする。国

立科学博物館における特別展の多くは，ハイビジョンや 4K，3D など，開催当時の最先端技術を用いた大型シアターを設置し，迫力ある映像を提供してきた．

5. まとめ

　本章では国立科学博物館を例に，多様な来館者の多様な学びのニーズに応える情報発信の方法としての展示について解説を行った．

　博物館にはさまざまな世代・ライフステージの利用者が訪れる．それぞれの利用者が求める情報は異なり，博物館は展示する資料に対して多様な角度からの情報提供が求められている．

　限られた展示空間に多種多様な情報を提供するには，情報の種別を整理する，情報の階層化を行う，情報通信技術を活用し，さまざまな情報機器を導入する，という工夫により，多様な利用者の学びというニーズに応える展示を実現することができる．

　さらに，ある程度長期間開催する常設展示で博物館が行う基本的な活動を紹介し，期間を区切って開催する特別展や企画展において時宜を得た特定のテーマを深掘りする，といった運営の多様化により，幅広い利用者に対応することも可能となる．

　また，当然のことながら，展示空間を作りさえすればよいというものではなく，人による解説，印刷物の活用などと組み合わせることにより，博物館が持つメニューが広がり，より多くの人に楽しみながら学ぶ機会を提供することができるようになる点も忘れてはならない．

<注記>
1 代表例として以下がある。
　ジョージ・E・ハイン著，鷹野光行翻訳（2010）『博物館で学ぶ』同成社．[Hein, G. (1998) *Learning in the Museum.* : Routledge.]
　Hooper-Greenhill, E. (ed.) (1999). *The Educational Role of the Museum Second Edition.* : Routledge.
　Falk, J. & Dierking, L. (2000). *Learning from Museums.* : AltaMira Press.
2 稲垣佳世子・波多野誼余夫（1989）『人はいかに学ぶか』中公新書．
3 Gilman, B. (1916). Museum Fatigue. Scientific Monthly, 12, 67-74.
4 半澤重信（1991）『博物館建築　博物館・美術館・資料館の空間計画』鹿島出版会．
5 独立行政法人国立科学博物館本館展示設計説明書より改変
6 心理学で用いられる「情報のまとまり」という意味をもとに，ある内容がまとまった展示の一単位，という意味で展示設計当時にこの単語を用いていた．

10 | 生き物（水族）の博物館における情報・メディア

稲村哲也

≪目標＆学習のポイント≫　この章では，水族の博物館として海遊館とニフレルを取り上げる。この二つの館は，前者が「生態展示」を特徴とする臨海の大型屋内水族館で，後者は「感性にふれる」を基本テーマとした，都市部で開設されたまったく新しいタイプの複合的ミュージアムである。さまざまな点で対照的なこの二つの施設を比較することで，生き物の博物館の意義を，情報・メディアの観点から考えよう。また，第1章を振り返り，「記号としての魚」という視点から水族の展示について考えてみよう。
≪キーワード≫　海遊館，生態展示，リング・オブ・ファイア（環太平洋火山帯），リング・オブ・ライフ（環太平洋生命帯），ニフレル，感性にふれる，記号としての魚

1. 二つの水族館のコントラスト—そのコンセプトと展示の概要

　ここでは，株式会社海遊館が運営する二つの施設を取り上げて比較したい。一つは大阪市港区天保山に1990年に開館した海遊館で「生態展示」を特徴とする水族館である。もう一つは，大阪府吹田市にできた大型複合施設EXPOCITYに2015年11月に開業したニフレルで，水族館に動物園と美術館の要素を組み込んだ，まったく新しいタイプの施設である。二つのミュージアムの設立の時期にはちょうど四半世紀の差がある。「地域展示」と「テーマ展示」の対比としてみることもできるが，やや暴走的にいえば，前者は，技術と学術を結集して「自然」を再現した「近代」のミュージアムであり，後者は従来の枠組みを超えた「ポス

ト・モダン」的なミュージアム，という対比も可能であろう。

　海遊館は，当時としては世界最先端の巨大な水槽を設置した水族館で，現在でも屋内水槽の規模では世界最大級である。同館は，「地球とそこに生きるすべての生き物は互いに作用しあう一つの生命体である」というガイア仮説に基づき，太平洋を取り巻く「リング・オブ・ファイア（環太平洋火山帯）」と，（それとほぼ重なりあう）生き物が高密度で生息する「リング・オブ・ライフ（環太平洋生命帯）」をコンセプトとしている。このコンセプトに沿って，中央の巨大な「太平洋」水槽とそれを取り囲む環太平洋火山帯の10の地域を展示する14の水槽が地理的な位置に対応して配置されている。また，14の「地域」水槽は，その地域の自然環境（海中や水辺の景観）をジオラマのように再現している。

　ニフレルは，海遊館が四半世紀の経験を活かして，これまでにないコンセプトを目指してプロデュースした水族館をベースとした複合ミュージアムである。「感性にふれる」の「にふれる」を名称とし，子どもから大人までを対象に，見て・触れて・感じてもらうことを重視している。海遊館が，地域によって多様な自然環境を理解してもらうために，生態展示を重視してきたのに対し，ニフレルは，個別の生き物のさまざまな個性を感じとることで生き物の多様性を実感してもらうため，色，形などにこだわったテーマ展示となっている。

　両館の比較により，それぞれの館のコンセプトの違いや，展示によるメッセージ発信の特徴がよく理解できる。海遊館の水槽が巨大であるのに対し，ニフレルは個々の水槽が小さいという特徴もある。海遊館の西田清徳館長によれば，「海遊館は大きな水槽に多種の魚を展示し，また生態展示によって，自然の姿を再現することに成功しているが，一方で，こうした展示では個々の種の特徴を紹介することは難しい。ニフレルでは，個々の種の特徴をしっかり示すという意図もあった」。

2. 海遊館の展示の特徴と情報・メディア

　海遊館の展示の導入として，まず，全長11メートルのトンネル型水槽「アクアゲート」をくぐりぬけ，海の幻想的な非日常の世界へ誘う。そこから，長いエスカレーターで建物の8階に相当する水族館の最上部に導かれる。展示全体としては，この最上部から，「日本の森」コーナーを経て，「太平洋」水槽の周囲を巡回しながらスロープを下るという構造になっている（口絵3参照）。「太平洋」水槽には，ジンベエザメをはじめとするサメの仲間，エイの仲間などの軟骨魚類，大型のハタの仲間，群れて泳ぐアジの仲間など，約60種もの魚類が遊泳する（図10-1）。

　最初の「日本の森」には，本物の植物の森と清流が再現され，岩陰にオオサンショウウオやサワガニが隠れ，川に魚たちが泳ぎ，水面に羽ばたく水鳥たちが展示されている。森と清流は自然界の水と命の循環を象徴している。ここから，寒冷だが栄養分が豊富でラッコが暮らす北太平洋の「アリューシャン列島」水槽，深海から栄養分を含んだ海水が湧きあがりアシカやアザラシが暮らす「モンタレー湾」水槽，雨季と乾季に分かれる熱帯季節林でアカハナグマが暮らし，ハリセンボンなど多様な

図10-1　「太平洋」水槽の海底部分。左側に魚類の解説が見える。

熱帯魚が生息する「パナマ湾」水槽, という具合に, 太平洋の周囲を巡回していく。スロープによって「太平洋」水槽を3周するため, 「太平洋」水槽と「地域」水槽は, 水面, 水中, 海底と, 順次観察できるようになっている。最上部では, 水面とともに水辺も再現され, カピバラ(エクアドル熱帯雨林)など陸の動物たちも展示されている(図10-2)。自然光も取り入れられ,「太陽の光が降りそそぐ海面の世界から始まり, 海中そして海底へと進み, 緑あふれる地上, 魚たちが無数に泳ぐ海中, 静けさが支配する海底など, さまざまな自然の表情を楽しむ」ことができる(海遊館ガイドブックより)。

図10-2 「エクアドル熱帯雨林」水槽。水辺にカピバラが暮らし, 水中にピラルクなどの魚類が泳ぐ。

「地域」水槽は自然景観をできるだけ再現した「生態展示」が徹底されている。たとえば, オーストラリア東岸に沿って広がる世界最大の珊瑚礁で有名な「グレート・バリア・リーフ」の水槽では, 本物と見まごうばかりの珊瑚礁が再現されている。ジオラマの利点として,「環境の保護」と「水質の安定」, レイアウトが自由にデザインできることが挙げられる。こうした,「生態展示」をより効果的にする, 照明による演

出について『超水族館のウラ・おもて　海遊館ものがたり』(日経大阪PR企画出版部(編) 1997：25)で次のように述べられている。

> 展示方法で最も進歩した設備の一つに照明システムがある。これは生物の生存と健康に必要な光を確保することと，効果的に展示するという二つの目的がある。なるべく自然に近い生態を再現しているので，魚類以外にもほ乳類や鳥類，植物なども同じ場所で展示している。そのため天井からの自然光を採り入れたり，日光が不足するところは紫外線を多く含むライトを使用するなどして補っている。水槽の地域性を表現するため光源の色調(暖―寒)，明度(明―暗)，光源の角度(高―低)などを変化させている。奥行きや立体感を演出するため，壁や岩の凹凸による明暗が出るように照らしている。最も大きい太平洋水槽ではお客様に近いところは温かい色調でムラなく照らして魚をはっきり美しく見せ，中央に行くほど寒色系のシャープな光源で奥行き感を持たせている。

別棟の「新体感エリア」は開放型の構造で，見るだけでなく，聞いて，触って，においをかげる体験型展示となっている。「北極圏」では，同じ寒さを感じながらアザラシを観察することができる。「フォークランド諸島」では，イワトビペンギンの生態を身近に見ることができ，5月の産卵期には，オス・メスのペアが交代で卵を温める様子も観察できる(図10-3)。また，「モルディブ諸島」の「ふれあい体験水槽」では，サメやエイの背に触れることもできる。

海遊館は，四国の高知県土佐清水市にある海洋生物研究所以布利センターで，魚類などの飼育と研究を行い，その成果を展示に活かしている。一方で，館内での飼育や健康管理は日常の重要な業務であるととも

図10-3 ペンギンの餌やり。産卵時期には、オス・メスのペアで卵を温める様子が見られる。

に、試行錯誤と研究のための活動でもあるが、ラッコ、アシカ、アザラシ、イルカ、ペンギンなどの定時の餌やり・健康管理（体温測定など）の活動を積極的に来館者に紹介している。巨大水槽の水面で行われるジンベエザメなどの餌やりは、ガイドツアーに参加して見ることができる（図10-4）。西田館長の「貴重な生物の命が最優先されることに変わりはないが、飼育に携わる者は来館者に背を向けて仕事に取り組むのではなく、片方の目は生物に、もう片方の目は来館者に向ける技量が求めら

図10-4 太平洋水槽の水面（バックヤード）での餌やり。バックヤード・ツアーに参加することで見学できる。ツアーでは、落下物の防止のため、撮影はできない。

れる時代である」(内田・荒井・西田　2014, pp.126) という方針が貫かれている。海遊館の開設に携わった多田嘉孝は「水族館は自然の素晴らしさを発見する場であり，神秘との出会いの場である。子どもの時に見た動物園や水族館の印象は今でも残っている。それだけに水族館に携わる者は，生き物展示に心して当たらなければならない」(日経大阪PR企画出版部 (編) 1997) と述べている。

　スタッフの活動を来館者に紹介し，スタッフと来館者の間でのコンテクスト共有の試みも積極的に行われている。たとえば，新体感エリア「北極圏」の「北極圏に行ってきました」のコーナーでは，カナダでの現地調査で潜水に使用された (体が濡れない) ドライスーツなどとともに，写真・解説パネル，現地映像が展示されている (図10-5)。

　それぞれの「地域」水槽には，地域と各展示資料 (魚類・動物) の解説パネル，映像による解説のほか，2種類の音声ガイドシステムがある。一つは日本語，英語，中国語，韓国語による音声ガイドで，もう一つはクイズや画像で興味深いテーマを学べるゲーム機を活用したシステムである。また，「ふしぎを見つけちゃお！　海遊館探検隊　たんけんノート」も，児童の興味をうまく引き出すように工夫されている。

図10-5　スタッフの体験を紹介する「北極圏に行ってきました」コーナー

3. ニフレルの展示の特徴と情報・メディア

　ニフレルの建物は，美術館のような外観を持ち，内部の展示は，テーマごとに7つのフロアで構成されている（図10-6）。最初が「いろ　にふれる」である。ここのフロアは，生き物の美しい色を感じ取ることがコンセプトとなっている（図10-7）。ここにある13台の水槽はすべて蓋がなく，上からも横からも，色鮮やかな魚・生き物たちを間近で見ることができる。上からの照明によって，水面の波の動きが水底の白い砂に映るようになっている。そして，フロア全体の照明が七色に変化していく仕掛けがある。生き物の美しさを「視覚」で感じることで，自然の不思議さを感性に訴えかける演出がなされている。

図10-6　美術館のようなデザインのニフレル外観

図10-7　「いろ　にふれる」フロア。フロア全体の色が変化し，幻想的な雰囲気を醸しだす。

　次のフロアは「わざ　にふれる」で，砂を噴く，砂に隠れる，まわりと同じ色に変化するなどの，生き物独特の「わざ」を間近に見ることができる。ジョーフィッシュが砂の中の巣にこもり敵を威嚇する実際の様子が，映像でも見られるなど，さまざまな工夫がなされている。体験コーナーでは，水中に指を入れるとドクターフィッシュが集まってつつか

れるという体験ができる。また，トラフザメにトレーニングを行い，餌を与えながら体を触ってチェックをしたり，エコーや採血をするなど，生き物にできるだけストレスを与えない健康管理作業を展示に組み込んでいる。そうした作業の様子は，映像でも説明される。

3番目のフロアは「すがた　にふれる」で，照明を落とした展示室の天井に光のドットが続き，壁面が鏡となっているため，無限に続く光の空間となっている（図10-8）。そこで，生き物たちの個性的な形を鑑賞することがテーマとなっている。「いろ」のフロアとともに，水族館と美術館のコラボレーションとなっている。

図10-8　「すがた　にふれる」フロア。生き物の造形的な美しさをフロア全体で演出している。

各水槽の生き物の説明板（種名板）は「おちょぼ口　吸い込むように　餌をとる」（ニシキテグリ），「クマノミと　相性抜群　共生関係」（ハタゴイソギンチャク），「オスの群れ　強い固体が　メスになる」（カクレクマノミ）というように，五七五の俳句形式で表示され，「生き物の魅力を楽しく伝えたい」という意図が貫かれている（図10-9）。

展示の中間点にあたる「WONDER MOMENTS」のフロアは，宇宙から星（または地球）を眺めるような神秘的な空間となっている。自然

図10-9　五七五による解説は，水族館・美術館との
　　　　ミスマッチにより笑いを誘い，印象に残る。

の美しさを切り取った体験型映像と音楽によるインスタレーションで，直径5メートルの大きな球体と床の映像がシンクロし，参加者の動きに反応して映し出される。WONDER MOMENTSは，水族館とはミスマッチだが，感性のミュージアムのコンセプトによってうまく適合している。小畑洋館長によれば「水族館にこのような展示を組み込むことには勇気がいった。結果的に，とても評判がいい。特にお子さんたちの反応はすごい。生き物の魅力に感性でふれていただいた後に，このフロアで，みなさまの感性をさらに自由にしていただければ嬉しい」と言う。

　後半の6番目のフロアは「うごき　にふれる」で，ここは生き物の「シェアハウス」のように，ワオキツネザル，カピバラ，モモイロペリカンなどの動物や鳥が共存する空間が演出され，来館者は柵が無い通路を通りぬける（図10-10）。ワオキツネザルは人への関心が小さく，しばしば通路にまで出てくるため，人は野生動物との空間共有の感覚を抱くことができる。

　最後のフロアは「つながり　にふれる」で，スクリーンに，自然界と人びとの生活が交互に映し出される。人と動物の共通性と違いを発見し

ながら,「多様ないのちと個性」がコンセプトとして発信される。

　小畑館長は「展示のテーマである多様性の魅力をニフレルの生き物との出会いのなかで,イイなあと直感的に感じて頂きたい。人を含めて,すべての生き物は多様で個性的だからこそ魅力的です」と言う。ニフレルは,都市型の生き物博物館の挑戦的な事例といえる。「日常生活と自然との乖離(かいり)が進む現代社会のなかで,まずは生き物の個性と多様性への感性を育(はぐく)み,自然への関心を呼び覚まして欲しい。そして本当の自然を大切にして欲しい」というメッセージが発信されている。

図10-10　「うごき　にふれる」フロア。非日常的な動物たちとの「シェアハウス」が不思議な感動を呼び起こす。

4.「コミュニケーションの記号論」からみた 生き物のミュージアム

　最後に,第1章で述べた,記号論の観点からみた博物館のコミュニケーションを思い出していただきたい。博物館は全体として,あるコンセプト(伝達内容)を発信するメディアだといえる。二つのミュージアムに共通する基本コンセプトは,次のコラムで海遊館の西田館長が述べる

ように，「生物を飼育展示して，命の素晴らしさとそれを守ることの大切さを伝える」ことである。これまでみてきたように，二館を比較すると，そのメッセージの表現形は対照的である。

　博物館の個々の展示ケースは，水族館の場合は各水槽に当たる。海遊館の場合，個々の「地域」水槽はおおむね一つの展示コーナーに匹敵し，いわば「地域展示」の構成となっている。各コーナーには，幾種類かの生き物がさまざまな解説メディアとともに展示物（メッセージ）として配されている。最初のコーナー「日本の森」では，生きた木々とともに，カモ科などの水鳥，滝の下のカワウソ，清流のアユ，イワナなど，記号としての生き物たちが，ジオラマ的空間の中に現示的記号として配置され，川の源流部の景観がメッセージとして示されている。このコーナーのコンセプトは「森に降ったしずくが流れとなり，川となって海に注ぎ，森の栄養を海へ注ぐ。そして，海の水が蒸発して雲となり雨となって森に降り注ぐ」という自然の循環である。そこから受信する「情報」は，見学者によって多様であることはいうまでもない。見学者のあるものは，昔遊んだことのある故郷の清流と重ねあわせ，「解説」を見て（聞いて）納得する。都会育ちの子どもは，初めて見る光景にわくわくし，本当の場所に行ってみたいと思うかもしれない。

　そこから，「太平洋」水槽の周りを巡りながら，「アリューシャン列島」，「モンタレー湾」…と，それぞれの展示コーナー（水槽）で，動く記号たちが構成する「場面展示」は，各地域の自然環境を情報（伝達内容）として伝達する。全体としては，「リング・オブ・ライフ（環太平洋生命帯）」における自然の多様性が，複合的な情報として伝えられる。

　日常の世界では見ることのできない，ジンベエザメのような驚異的な生き物自体が，人びとに感動を与える。さらに，「驚きや楽しみがないと人の記憶には止まらない」という館長の考え（コラム参照）の実践と

して，水辺や水中の世界に身を置き，体感できる仕掛けが，さまざまな形で込められている。

ニフレルの場合は，各フロアが展示コーナーとなっており，「いろ　にふれる」，「わざ　にふれる」など，感性に訴える工夫がなされている。いわば「テーマ展示」であり，生き物（記号）は，各フロアのコンセプトに適合したものが「選別」され，全体としては，多様な記号群の「集合展示」として，効果的なメッセージを発している。

展示としては，明確なコンセプトに基づき，周到な設計によって，メッセージが発信されているが，美術館の要素を融合した感性に訴える展示であるから，受信者の「情報」の受け取り方は，絵画を見るときのように多様であろう。その意味では，意図的に設計された，「受信者中心型」「コンテクスト中心型」の展示といえるかも知れない。

コラム　海遊館開館の奮闘，ニフレル開設の背景

海遊館館長　西田清徳

1990年7月20日に海遊館は開館，著者はその1年余り前，1989年春に大阪ウォーターフロント開発㈱に入社した。文字通り大阪港界隈の再開発を目指して，大阪市と民間企業が立ち上げた第3セクター方式の会社である。現在は社名も㈱海遊館と変わり，一昨年より近鉄グループホールディングスの一員となった。

さて，大学院でサメやエイの研究を行い30歳で入社した私の仕事は，展示する生物（主に魚類）を飼育するために借りた大阪港の古い倉庫の片付けと掃除から始まった。確か机や椅子を運び込んだ覚えもある。

次の仕事は，展示生物を収集するため各地に派遣される仲間をうらやましく見送りながら，展示コンセプトや生物のリストの翻訳と

検証作業であった．大阪港再開発の参考とされたのがアメリカのボストンやボルチモアで，いずれも再開発の中心に水族館が作られて成功した事例である．そこで設計や施工に多くのアメリカの方が加わったため，片言の英語でも少しは役に立った．

アメリカ側から提案された展示生物のリストをよく見ると，日本の森にはイノシシやツキノワグマが載っているが，どう考えても予定のスペースで飼育展示できない．また，当時，魚類展示では世界最大となる「太平洋」水槽にはどんな魚種を展示すべきかなど，1年あまり後に予定された開館までに解決すべき問題が山積み状態であった．

それでも，国内は沖縄，高知，五島列島など，国外はアメリカ，オーストラリア，ニュージーランドなどから展示予定の生物が次々と大阪に到着，何が何だかわからず走り回るうちに運命の7月20日が刻々と近づいてきた．なかでも一番頭を悩ましたのが太平洋水槽の主役と決まったジンベエザメ，何と海遊館に搬入されたのは7月11日であった．

このコラムに関して，できれば「海遊館のコンセプトや設立の経緯を」と依頼を受けたが，実際は上記のような混乱状態で，今でも思い出すたびに「よく無事に開館できた…」と冷や汗が流れる．

ただ「地球とそこに生きるすべての生物は互いに作用し合う一つの生命体」と考えるガイア理論に基づき，太平洋を取り巻く「リング・オブ・ファイア（環太平洋火山帯）とリング・オブ・ライフ（環太平洋生命帯）」の各地の生き物を環境とともに展示する「生態展示」の手法は当初から好評を得て，2016年10月には7,000万人目のお客様をお迎えすることができた．

一方，2015年11月に開館したニフレル（NIFREL）は，海遊館の開館準備のドタバタ，1990年の開館以来の四半世紀で経験，それまで学んできたことをもとに，海遊館とはまったく異なる，新たな「生物を飼育展示する施設の在り方」を提案することを目指した．

第一に海遊館とニフレルが，お客様を奪い合うライバルではな

く，同じく生物を飼育展示して，命の素晴らしさとそれを守ることの大切さを伝えるため，互いに補完し合う関係になること。そのため，ニフレルでは大水槽にこだわらず，個々の生き物の姿・形や生き様を間近に感じられる展示手法に最後までこだわった。

　第二にお客様に伝えたいと思うことをどのように伝えるか。基本は海遊館もニフレルも共通で，レイチェル・カーソンが唱えた「センス・オブ・ワンダー（神秘的なもの不思議なことに素直に驚く感性）」に訴えること。驚きや楽しみがないと人の記憶にはとどまらない。

　ジンベエザメを見て「大きい！」，ペンギンのヒナを見て「可愛い！」，カラフルな魚を見て「きれい！」，不思議な形を発見して「どうして？」，頭上をワオキツネザルが飛び越えて「うわっ！」

　このような「感性にふれる」体験を提供し続けて「命の素晴らしさとそれを守ることの大切さ」を心から感じていただく。そのために，水族館，動物園，美術館など分野にこだわらずさまざまな手法を駆使して，社会が求める要望に応えるように進化を続けることが使命であると考えている。

参考文献

内田詮三・荒井一利・西田清徳『日本の水族館』（東京大学出版会　2014）
海遊館『海遊館ガイドブック』（3版）（株式会社海遊館　2015）
海遊館『ニフレルのあゆみ』（株式会社海遊館　2015）
日経大阪 PR 企画出版部（編）『超水族館のウラ・おもて　海遊館ものがたり』（日経大阪 PR　1997）

11 | 生き物（サル）の博物館における情報・メディア

稲村哲也

≪目標＆学習のポイント≫ この章では，生き物の博物館の例として日本モンキーセンターを取り上げる。同センターは，1957年に博物館登録の認可を受け「博物館登録された動物園」として発足し，60年近くを経た2014年に公益財団法人となり，京都大学の教員が運営の主体となった。現在，同センターでは，博物館はいかにあるべきか，研究をどのように展示に活かすかなど，さまざまな検討や工夫がなされている。そこで，同センターの展示とスタッフの活動を理解し，情報・メディアの観点から考えよう。
≪キーワード≫ 日本モンキーセンター，霊長類学，京都大学霊長類研究所，ビジターセンター，生態展示，キュレーターズトーク

1．はじめに

　JMC（日本モンキーセンター）は1956年に，文部省所轄の財団法人として愛知県犬山市に設立された。翌1957年，JMCは愛知県登録第2号の博物館登録の認可を受け，国内で唯一の「博物館登録された動物園」となった。そして，60周年に近い2014年4月に，JMCは公益財団法人日本モンキーセンターとして生まれ変わり，所長に松沢哲郎氏（京都大学特別教授と兼任），博物館長に山極壽一氏（京都大学総長と兼任），動物園長に伊谷原一氏（京都大学教授と兼任）が就任した。執行部は全員が京大の教員で，世界でも珍しい大学教員が主体的に運営する動物園の事例となった。

JMCの目的は，霊長類と霊長類学を普及することであり，「サルを知ることはヒトを知ること」をキャッチフレーズとして，人間の進化について学ぶ場所でもある。現在，60種以上・約900個体の霊長類が飼育されており，これは霊長類に関する世界最大のコレクションである。サル類の骨格等の標本1万1千点以上を持ち，その一部を公開している。

　JMCのそもそもの設立の経緯は，日本の霊長類学の創始者である京大の今西錦司，河合雅雄，伊谷純一郎らと東京大学の霊長類実験研究グループが連携し，名古屋鉄道株式会社（以下「名鉄」）に働きかけて実現したものである。財団の初代会長は，日本銀行総裁や大蔵大臣を歴任し，民俗学者でもある渋沢敬三が就任した。

2. 日本モンキーセンターの新体制における考え方

　公益財団法人として再出発したJMCは，隣接する京都大学霊長類研究所や，京都にある京都大学野生動物研究センターなどと緊密に連携して，霊長類の研究・調査を重視する体制となり，資料収集・展示（動物園運営）とともに，学術誌発行，環境教育・社会貢献に力を入れている。

　山極壽一館長は，「日本モンキーセンター60周年を迎えて」（山極2016）で，JMCのこれまでを振り返り，新体制の展望について，次のように述べている。

> 私がJMCでリサーチフェロウとして働いたのは1983〜88年で，この頃はまだ霊長類のパイオニア的研究を担い，その成果を発信する博物館としての息吹は色濃く残っていた。私自身もアフリカでゴリラ，屋久島でニホンザルのフィールドワークをしながら博物館活動に力を注いだ。当時の「モンキー」（JMCの機関誌：筆者注）を見ると，その当時の熱い思いがよみがえってくる。しかし，その後JMC

は隣のモンキーパーク遊園地との連携を強め，動物園の経営を主たる業務とするようになった。JMCのすぐ隣に京都大学霊長類研究所が設立され，しだいにその活動領域を広げてきたこと，JMCの運営が動物園の収入で成り立っていたことなどがその主な原因である。日本各地，そして愛知県内にもさまざまな娯楽施設ができ，また赤字続きのモノレールが廃止されたことが，やがて客の足を遠ざける結果となった。

そして2014年4月，JMCは名鉄の支援の手を離れ，公益財団法人として再出発することになった。それは初心に帰ろうという共通の目標のもと，動物園の入場者数だけにこだわらず，霊長類の福祉の充実と展示方法に大きな力を注ごうということだと私は認識している。理事長，所長，館長，園長にそれぞれ研究者を充てたのもそのあらわれである。この2年，その成果は着実にあらわれ始めている。JMC発足当時から引き継がれているPRIMATESも順調に発刊されているし，長らく休刊になっていた「モンキー」も復刊された。学芸と飼育に携わる職員全員が野生霊長類の生息地に派遣され，またほかの動物園や水族館を積極的に訪問して知識や技術を蓄積している。週2日ある休館日を利用してさまざまなアイデアを出し合い，工夫と魅力に溢れた展示が創造されるようになった。京大モンキーキャンパスや京大モンキー日曜サロンといった研究者との交流も頻繁だし，京都造形芸術大学との連携で面白い企画も生まれている。リスザルの島やWaoランドの体験ゾーン，アフリカンビアガーデンなど盛りだくさんの催しはウェブサイトを参照していただきたいが，やっと現場からの声がモンキーセンターの催しに反映されるようになったと思う。JMCに新しい時代が来たと強く感じる。

新体制への移行に伴い，JMCは週休2日の休園日を設け，厳冬期は休園している。それによってサルを休ませるとともに，スタッフが環境エンリッチメントなど飼育に関連するほかの業務に励むためである。松沢哲郎所長は，スタッフが現地調査に参加して，その知見を高めることの重要性について次のように述べている（松沢　2016）。

　　この2年半で顕著に変わったのが「生息地研修」だ。約40人の職員全員が宮崎県の幸島に行って野生ニホンザルとその暮らしを見た。屋久島に行って，野生のシカとサルが共生する世界自然遺産の森を見た。京大熊本サンクチュアリでは，日本でそこにしかいないボノボを見た。タンザニアやボルネオやアマゾンにもでかけた。飼育担当者だけではない。事務職員にも生息地を体験してもらった。人々の意識をまず変えたい。実際の野外体験をもとに，自分たちの職場の掲げる理想「動物園は自然への窓」を理解してもらいたい。キュレーターすなわち博士号をもった学芸員を増やし，さらには飼育員も修士卒業者を雇用し始めた。京大モンキーキャンパス，京大モンキー日曜サロンというかたちで，霊長類学の成果を一般の方々にわかりやすい言葉で発信している。

3．日本モンキーセンターの各展示コーナー（展示館）

　サルの展示館は，マダガスカル館，南米館，アジア館，Waoランド，アフリカセンター，アフリカ館，ヒヒの城，モンキースクランブル，モンキーバレイ，ギボンハウスに分かれている。各展示室の前にはガイドシートが設置してあり，自由に手に取って見ることができる。
　南米館は屋外と室内に分かれ，中南米に生息する広鼻猿類（新世界ザ

ル）を展示している。室内では，体の小さなマーモセットやタマリンの仲間を展示し，室内温度を常時25度前後に調節し，湿度も熱帯ジャングルに近い条件を備えている。

アフリカセンターには，マンドリルや大型類人猿のゴリラやチンパンジーが展示されている。チンパンジーの運動場では木々やジャングルジムを配し，木登りやひなたぼっこの様子を見ることができる（図11-1）。また，屋内には，2014年に生まれたチンパンジーのマモル君の成長記録などが展示されている（図11-2）。

図11-1　アフリカセンターの屋外で。チンパンジーの親子がのんびり過ごしている。

図11-2　アフリカセンターの屋内。チンパンジーのマモル君の手作りの成長記録が展示されている。

モンキーバレイでは，4,000平方メートルの斜面に生活する約160頭のヤクニホンザルの群れを高い観察台から一望できる。ジャングルジムや池があり，冬には名物の「たき火」にあたるサルたちに会える。

JMCで最も人気のある「Waoランド」では，来場者が開放的な屋外空間に入り，ワオキツネザルを間近で観察できる。マダガスカル島に生息するサルで，白と黒の輪模様のしっぽからワオ（輪尾）キツネザルと呼ばれる。このサルは，人間に対する警戒心がなく，まったく無関心であるかのように振舞うため，こうした展示手法が可能となっている（図11-3）。「Waoランド」では，JMC60周年企画として「チャレンジWaoマスター～ワオキツネザル60頭を覚えよう」が行われた。60頭の顔写真と特徴を示したラミネート・パネルが用意され（**図11-4**），サルの生態研究の基礎である個体識別をトライするもので，京大の霊長類研究の伝統を活かしたJMCらしい参加型学習といえる。

図11-3　Waoランドのワオキツネザルの群れ。飼育員の近くに集まってきたところ。

図11-4　JMC60周年企画「チャレンジWaoマスター〜ワオキツネザル60頭を覚えよう」

このように，地域やサルの種類によって分けられた各展示コーナーでは，サルの特徴や生態に応じた「飼育・展示環境」が配慮されている。第1章で論じた博物館コミュニケーションの観点からいえば，記号としてのサルが「ジオラマ的環境」に配された「展示コーナー」は，「特定の生態系のなかで生きるサル」をメッセージとして発信している。JMCの展示全体として，「多様な生態系に適応した多様なサルたちの生活」というコンセプト（情報）を発信しており，それは「動物園は自然への窓口」という理想（基本コンセプト）に沿ったものだといえよう。

こうしたコンセプトに沿った生態展示の一方で，旧来の画一的ケージも残されている。伊谷原一動物園長は，コンクリートと金網で仕切った檻が並ぶ「モンキーアパート」などの施設の遅れを指摘するとともに，将来展望について「サルたちの生活，来園者の満足度，そして飼育作業性という3つの異なる要素をカバーできる，長期展望に立った施設へのリニューアルが求められます。また，博物館として多様な仕掛けを施した教育効果の高い展示開発も必須でしょう」と述べている（伊谷　2016）。

4. インタラクティブ（双方向的）な学習

　JMC の展示・教育活動の中枢として機能しているのがビジターセンターである。ビジターセンターは園内のほぼ中心にあり，キュレーターが常駐している。来園者に予備知識を持ってもらうとともに，園内でサルを見学した後，知識を整理するための案内や展示を意図している。ビジターセンターの常設展示では，人類の進化の展示や，サル類の特徴や種類を骨格標本や剥製標本で紹介している（図11-5）。キュレーターや学芸員実習を受講した学生による手書きの解説もあって，手作り感が感じられる。場内の一角に，隣接する京都大学霊長類研究所の重要な研究成果を活かした，来館者がチンパンジーの認知能力と競う（数字の順番を記憶して指で押す）装置が設置されている。見学者は，この競争に挑んで負けることで，チンパンジーの子どもの認知能力の高さを実感させられる。同じ装置は，京都大学総合博物館にも設置されている。また，クイズラリーや，ペーパークラフトの受付もしている。付随するレクチャーホールでは，イベントを開催したり，学校団体を中心にサルに関する講義や実習などを行っている（図11-6）。

図11-5　サルの剥製や骨格の標本とサルの特徴などの解説による展示。木の葉型のカードには簡潔な解説が書かれている。

図11-6 さまざまな教育プログラムで使われるサルの標本

　JMC設立当時からかかわった広瀬鎮（元学芸部長）は，ビジターセンターについて「見学者のみなさんは，一般的には，モンキーセンターを動物園だとおもっています。だけどビジターセンターの展示室にはいりますと，急に博物館めいてきてしまうんです。わたしどもは，市民がきゅうくつにおもうような博物館活動はしたくないけれども，ふつうの動物園と一味ちがうなにかを感じさせたい。それを実践しているのがビジターセンターです」と述べている（広瀬・梅棹　1980）。

　ビジターセンターをベースとして，キュレーターズトークや飼育員の餌やり・解説など，サルについて学ぶさまざまなイベントが実施されている。モンキーセンターでの研究の一端や，現地のサルなどの動物について実際に知ることができるのは，生き物の博物館ならではのインタラクティブな展示メディアということができる。保全センターの活動やそのバックヤード・ツアーも，同様に重要でユニークな活動といえるだろう。園内の案内板には，キュレーターや飼育員の現地調査の体験談なども掲載されている（図11-7）。記号論の観点からいえば，こうした試みは，キュレーターや飼育員と見学者の間でのコンテクスト（経験と知

識）の共有をはかるものだといえる。

　筆者が参加した赤見理恵さんによるキュレーターズトークは，マダガスカルでの現地調査を紹介しながら，キツネザルやほかのサルの特徴を解説するものであった（図11-8）。現地の生の話を交えることで，参加した高校生たちの関心をしっかりつかんでいることがうかがえた。キュレーターのさまざまな活動等について，赤見さんにコラムを書いていただいた（章末のコラム参照）。

図11-7　スタッフによる手作りの現地調査の報告

図11-8　現地体験を交えた解説などで人気のキュレーターズトーク

5．動物園のあり方への模索

　ビジターセンターで2017年3月18日～2017年9月4日まで開催された「ZOOシミュレーション～あなたがえらぶ動物園の未来～」は，動物園のあり方に関する学術部の考え方が集約された，たいへん興味深いものであった（図11-9）。この特別展は，「ここはとある地方都市の古びた動物園。地域の動物園として地域住民たちからの愛着は得られてきたものの，特徴的な展示があるわけでもこれといって目立った業績があるわけでもない。」というプロローグで始まる（図11-10）。そして，「その動物園の『再建』のための新しい園長としてあなたは招かれた。そこで，

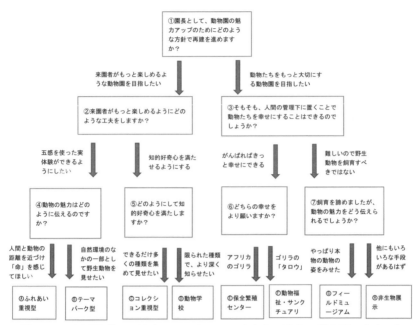

図11-9 企画展「ZOO シミュレーション〜あなたがえらぶ動物園の未来〜」
(特別展より稲村が作成。一部の表現を省略。)

図11-10 特別展「ZOO シミュレーション〜あなたがえらぶ動物園の未来〜」

いくつかの質問に答え新しい動物園の方針を決定してほしい。いったいどんな動物園ができあがり，その動物園にはどんな未来があるのだろうか？」という問いに答えていく。これは，タッチパネルではなく，ボードの選択肢にそって進んでいくと，最後にⒶからⒽまでの8つのタイプの「動物園」にたどり着くという趣向である。その動物園のミニチュアとともに，その特徴，長所・短所が解説されている。

たとえば，「①園長として，動物園の魅力アップのためにどのような方針で再建を進めますか？」に「来園者がもっと楽しめるような動物園を目指したい」を選択すると，「②来園者がもっと楽しめるようにどのような工夫をしますか？」の質問に進む。そこで「五感を使った実体験ができるようにしたい」を選ぶと，「④動物の魅力はどのように伝えるのですか？」の質問に進む。そこで，「人間と動物の距離を近づけ『命』を感じてほしい」を選ぶと，「Ⓐふれあい重視型」に至り，「自然環境のなかの一部として野生動物を見せたい」を選ぶと，「Ⓑテーマパーク型」に至る（**図11-11**）。

最後に，「モンキーセンターの取り組み」が，ⒶからⒽまでの8つのタイプのすべての要素を持っていることも示される（内容は要約）。

Ⓐ「ふれあい重視型」：サルに接触するとストレスになり，人間の病気が移ることもある。JMCでは，その代わりに，KIDSZOOで家畜などに触って学ぶことができる。

Ⓑ「テーマパーク型」：「リスザルの島」では，池に囲まれた島にサルたちが群れで暮らしている。アマゾンのジャングルに居るように地上から見上げて観察できる。

Ⓒ「コレクション重視型」：JMCの60種類以上のサルのコレクションは世界一で，死亡後も標本として保存され，研究資料となっている。

Ⓓ「動物学校」：サルや自然環境のことについて知ってもらうよう，近

図11-11 「Ⓐふれあい重視型」と「Ⓑテーマパーク型」。模型とともに、それぞれの長所・短所などが説明されている。

隣の里山などでの学習に積極的に取り組んでいる。

Ⓔ「保全繁殖センター」：大学との連携研究などにより、絶滅のおそれのある動物の繁殖と維持に取り組んでいる。国際保全事業も実施している。

Ⓕ「動物福祉・サンクチュアリ」：「環境エンリッチメント」として、餌の改善や楽しく暮らせる空間づくりなどに挑戦している。

Ⓖ「フィールドミュージアム」：近隣に生息する身近な生物の調査を行い、園に隣接する丘陵地での自然体験などを計画中である。

Ⓗ「非生物展示」：ビジターセンターで、骨格標本や剥製を、ビデオ解説などの映像、図書、解説パネルとともに展示している。

この特別展の目的として、学術部から次のようなメッセージが添えられている。そこには、生き物を愛し、それを展示する博物館に携わる者としての責任と葛藤の気持ちが込められている。

考えれば考えるほど，動物園は矛盾と葛藤に溢れた場所です。今回のこの特別展は，その矛盾と葛藤の苦悩を来園者のみなさんにも味わっていただきたく企画しました。その苦悩を共有したうえで，来園者のみなさんとともに，未来の動物園の姿について語り合いたいと考えています。

コラム　自然への窓としての動物園

日本モンキーセンター　キュレーター　赤見理恵

　愛知県犬山市にある日本モンキーセンターは，一風変わった博物館だ。近隣市民からは「たくさんのサルに会える動物園」として親しまれている。一方で世界の霊長類学者からは，霊長類学のパイオニア的組織として知名度が高い。まずはその歴史から紹介しよう。

　財団法人日本モンキーセンターは1956年10月に，霊長類の総合的研究，医学用供給，野生ニホンザルの保護，教育普及を目的に設立され，翌年には愛知県で2番目の登録博物館となった。初期は動物園と呼べるような施設はなく，現在の敷地から2kmほど離れた場所に，野猿公苑と研究所，外国産霊長類の飼育施設を持っていた。動物園の整備よりも先に着手したのが，海外の霊長類生息地への学術調査隊派遣だった。1958年に第一次アフリカ類人猿学術調査隊を派遣したのを皮切りに，アフリカや南米に調査隊を派遣していく。「ヒトとは何か」を問いながら，まだ見ぬ地にヒトの"親戚"を求めて旅した冒険談は，学術雑誌だけでなく一般向け雑誌「モンキー」にも多く紹介され，社会の霊長類学への関心を高めた。

　その後順次動物園も整備され，マウンテンゴリラの来日やキンシコウの日本初公開などが話題となり，飼育霊長類の種数は100種を超えたこともあった。1967年に隣接地にできた京都大学霊長類研究所へ研究者が移籍し研究色が薄らいだ期間もあったが，2014年4月に公益財団法人へ移行し，京都大学の現役教授が運営する組織に改

編された。「霊長類に関する調査研究を基盤に，その保護と生息地の保全を行い，社会教育・普及活動や図書等の刊行，標本等の資試料の収集，さらには福祉に配慮した動物園の設置および経営等を通じて，学術・教育・文化の発展及び地域社会の調和ある共存に資すること（定款より）」を目的に再出発したばかりだ。

「学芸員」に類する職としてキュレーター6名，エデュケーター2名が在籍している。キュレーターの主な仕事は①研究，②資試料の収集保管，③教育，④保全に大別される。エデュケーターは教育活動について実践的な役割を担う。具体的に紹介していこう。

①研究には，キュレーターが自ら行う研究と，内外の研究者の研究支援や資試料の利用受入，学会や研究会の開催などがある。キュレーター6人の専門は形態学，動物行動学，遺伝学，動物園学，科学コミュニケーションなど多岐にわたる。あるときは霊長類のすむ森に分け入り朝から晩まで群れを追跡する（図11-12, 11-13）。またあるときは研究室で分子生物学的分析に没頭し，あるときは骨格標本を何百体と計測する。キュレーター以外のスタッフの研究支援や，大学や企業からの連携研究の受入もキュレーターの仕事だ。

②資試料の収集保管については，動物園ならではの特色がある。生体由来の資試料のほとんどが飼育個体に由来するものであることだ。野生動物でありながら数世代にわたって家系をさかのぼることができ，年齢，性別，家系，生年月日，出産歴，治療歴，死亡日，死因などのデータがそろっている標本は貴重である。骨格標本，脳や臓器の液浸標本は死亡した全個体について保存しているし（胎児や新生児のみ全身液浸標本），毛皮標本や剥製標本も可能な限り残している。最近では遺伝試料

図11-12　ブラジルでのゴールデンライオンタマリンの観察調査

も保存している。さらに置物，土鈴，絵馬，切手など霊長類にまつわる民俗資料や各種図書資料も多数保存している。

③教育のターゲットは主に3つに分類できる。学校などの団体来園者，個人の来園者，来園していないパブリックだ。学校などの団体は，幼稚園や保育園，大学生，大学院生，学校教員まで多様な団体が来園し，1年間に約300団体，2万名にものぼる。その多くはキュレーターやエデュケーターが窓口となり打ち合わせを重ね，オーダーメイドの教育プログラムを実施している。個人の来園者は多様なため，さまざまなプログラムを用意している。楽しみながら霊長類や動物福祉の取り組みを学ぶことができる「飼育員と一緒におやつをつくろう！」などの体験型プログラム，京都大学の若手研究者を招いた「京大モンキー日曜サロン」，多様な講師陣を揃えた6回連続講座「京大モンキーキャンパス」などがある。実はマスコミ対応もキュレーターの仕事となっており，来園していないマスに向けた教育活動ととらえ，霊長類の本来の姿を伝えるよう努力している。

図11-13　ブラジルに生息するゴールデンライオンタマリン

④保全は，これからの動物園には必ず求められる役割であろう。霊長類のすべてがワシントン条約附属書ⅠまたはⅡに記載され，絶滅のおそれのある動物種だといえる。モンキーセンターではコンゴ民主共和国のバリ地区に生息するボノボ，ギニア共和国のボッソウ村近郊に生息するチンパンジーなどを対象に，寄附を募り保全活動を実施している。また動物園だからこそ実施できるのが保全教育だ。遠くの見ず知らずの動物を守ろう，といっても実感がわかないが，目の前の個体にまずは愛着を感じてもらい，野生に近いくらし

ができるよう苦心している飼育員たちの取り組みに触れることで、ペットとは違う、ヒトとは違う他者としての存在、野生で必要な環境について考えてもらうことができるのではないだろうか。こういったことを実感を持って伝えることができるよう、モンキーセンターでは全スタッフが野生の霊長類を見に行く「生息地研修」を京都大学の支援のもと実施している。霊長類学発祥の地である宮崎県幸島には事務職員やゲートスタッフ、造園スタッフまで全スタッフが研修に行った。ボルネオ、タンザニア、アマゾンなど海外のフィールドにも研修に行っている。

　博物館で展示すべきもの。それはやはり「本物」だろう。生息環境から切り離された、動物園生まれの野生動物たちを、ただ飼育展示するだけで「本物」といえるのだろうか？調査研究、生息地研修、動物福祉への取り組みなどを通じて、本物の魅力を引き出し伝える努力が、動物園には求められているのだろう。

参考文献

伊谷源一「還暦を迎えて―日本モンキーセンターの未来―」
　http://www.j-monkey.jp/director/index.html（2016）
広瀬鎮・梅棹忠夫「博物館としての動物園」梅棹忠夫（編）『博物館の世界　館長対談』（中公新書　1980, 191-210頁）
松沢哲郎「日本モンキーセンター創立60周年」
　http://www.j-monkey.jp/director/index.html（2016）
山極寿一「日本モンキーセンター60周年を迎えて」
　http://www.j-monkey.jp/director/index.html（2016）

12 | 民族と歴史の博物館における情報・メディア

稲村哲也

≪目標&学習のポイント≫　ここでは，国立民族学博物館（民博）と国立歴史民俗博物館（歴博）を取り上げる。梅棹忠夫の主導で1974年に創設された民博は，我が国の博物館の方向性に大きな影響を与えた。そこで，まず創設当初の梅棹の構想を把握し，その30年後に策定された新基本構想とそれを反映した現在の展示を検討する。歴博は，1981年に設立されたが，重要な文化財の保存と展示のバランスに苦心してきた。その解決方法として多くのレプリカが利用されたが，その後のITの進歩によって，デジタル画像等の活用が重要視されてきた。この章では，両博物館を比較しながら，情報・メディアの観点から，展示の考え方と展示方法の変化について考えよう。

≪キーワード≫　国立民族学博物館，梅棹忠夫，構造展示，基本構想，ビデオテーク，フォーラムとしての博物館，双方向性，国立歴史民俗博物館，文化財，保存と展示，レプリカ，デジタル画像

1. はじめに

　国立民族学博物館（民博）と国立歴史民俗博物館（歴博）は，どちらも法律上は「国立大学共同利用機関」で，全国の研究者と共同で研究を行い，総合大学院大学として教育も行っている。そのため，スタッフは，大学と同様に教授，准教授の肩書きを持つ。

　民博は大阪府吹田市の万博跡地で1977年に開館した。「世界に開く窓」として，世界の人びとの暮らしや文化に関する知識を一般の人びとにわかりやすく伝えることを目的として創設された。民博の設立は，そ

れ以後の日本の博物館の展示，とりわけ情報・メディアのあり方に大きな影響を与えた。それは，民博の初代館長となった民族学者梅棹忠夫に依るところが大きい。梅棹の考え方（基本コンセプト）の第一は博物館における研究の重要性，第二は実物の展示物とともに，研究に基づいた情報発信の重要性である。第三は研究に基づいた情報の発信のためのIT（情報技術）の活用である。また，梅棹は，展示の前提として，文化に優劣は無いとする「文化相対主義」を掲げた。以上の基本コンセプトと関連して，梅棹は，歴史性は排除して，要素間のつながりを重視する機能主義的な考え方を展示に取り入れたといえる。また，映像を重視したが，展示への集中力を阻害する恐れがあると考え，展示から切り離した「ビデオテーク」を設置した。

　民博は，梅棹の基本コンセプトを継承しながらも，ITの進歩や展示の考え方の変化に伴い，基本構想と実践を変化させてきた。そこで，次節でまず民博の創設当初の考え方を把握し，3節で現在の民博の基本的な考え方と展示をみてゆき，情報・メディアの観点から，その変化を検討したい。

　歴博は，1981年に千葉県佐倉市の佐倉城址の一角に設立され，1983年から展示を始めた。日本の歴史と文化を語る貴重な文化財や重要な歴史資料を収蔵・展示する総合的な歴史系博物館である。常設の「総合展示」では，生活史に重点を置いた諸テーマを展示し，順次リニューアルが進められている。

　歴博では，収蔵品の多くが貴重な文化財で，劣化しやすい歴史資料であるため，収蔵庫での保存管理が厳重に行われている。文化財の劣化につながりかねない「展示」および「研究」と，文化財の「保存」という，矛盾した使命を果たすことは，歴博の設立当初からの重要な課題であった。その解決法の一つとして，展示に，実物資料だけでなく，レプ

リカ（複製資料）やミニチュア復元模型が多用されてきた。現在は，ITの画期的な進歩によって，研究と展示にITを活用する試みが進んでいる。そして，その成果についてわかりやすく紹介する企画展「デジタルで楽しむ歴史資料」が2017年3月14日（火）から5月7日（日）まで開催された。そこで，4節で，この企画展の内容から，歴博でのIT活用の現在をみていきたい。

2.「メディアとしての博物館」の理念

　梅棹は，モノを陳列し鑑賞に供するという旧来の博物館のイメージを脱することを意図し，「メディアとしての博物館」という概念を明確に掲げてそれを実現した日本で最初の人物といっていいだろう。彼は，モノを見せながら，情報（伝達内容）を伝えることを目指すシステム化された展示を構想した。そうした考え方は，民博の展示企画委員を務めていた作家の小松左京氏との対談によく示されている（梅棹1991, p.16）。

　　梅棹：システムとしての博物館というかんがえ方と，もうひとつは博物館の理念の展開ですね。これは「情報化された」ということばをつかっていいかとおもうんですが，教育程度のたいへんたかい大衆社会のなかにあって，そのなかで博物館のあたらしい位置づけがはじまっているわけですよ。むかしは，権威者ないし好事家のためのものであったのが，いまや大衆社会の知的施設になっている。

　　小松：展示企画委員でかんでいて，ふとおもったんだけど，まず理念があり，内容があり，現物があって，それを理念にそって展示するような原則がきまったのは万博以後ですね。

梅棹はまた，博物館を劇場にたとえて，次のように述べている。「博物館は劇場の一種である。そこに展示されている品物は『俳優』である。博物館全体が舞台装置であり，そこで感動的なドラマが上演されているのである。観客は，舞台装置のなかをみずからうごきまわり，『俳優たち』と接することによって，全身をアンテナにして，情報を受信するのである」（梅棹　1987, p.180）。

梅棹はそれまでの博物館の展示物に対する考え方も大きく転換させた。資料を「文化財」とは考えず，保存よりも情報として伝えることを優先した。それは「露出展示」という展示の手法に反映された。保存を必要以上に考えずに，できるだけガラスケースに収めない展示手法である。「おもいきって全部，生で見せるという方針をとっているんです。ひじょうに大胆な試みなんですが，ほとんど露出展示です。」（前掲書　p.68）。実施前に心配された盗難や破損のリスクは，実際にやってみると杞憂となった。露出展示は，現在は多くの博物館で実践されている。

梅棹は，世界の諸民族の文化には優劣は無いという文化相対主義を基本に据え，その多様性を重視するとともに，共時的（シンクロニカル）な体系性を重視した。梅棹は，基本的な考え方としては，歴史的アプローチを排除した。「人間の文化を組みたてている要素は，それをひとつひとつ切りはなしてとればそれぞれの系譜がありますが，いつでもそれが生きて機能しているときには，ほかのいろいろなものとの関連において機能するのであって，系譜ではない。その点民族学，文化人類学の立場はいつでもシンクロニックなんですよ」という（前掲書　p.109）。社会における文化要素間の有機的なつながりを重視する，いわゆる機能主義的な考えに基づいていたといえよう。

情報・メディアの観点からみて，民博における展示の技術的な革新は「自由に選べる映像番組の送出装置を考えた」ビデオテークである（図

12-1)。この装置は，今日では当たり前となっている双方向性を先取りしたものである。なお，梅棹は，展示場では，展示されるモノに神経を集中することを重視し，展示場内に映像を取り込むことを避ける方針をとり，映像はビデオテークに集中させた。今日の博物館では，展示場に関連の映像を置く方式があり，展示の理解を助けるメディアとして，さかんに採用されている。民博においても，次節で述べる新たな基本構想に基づき，現在は展示場で映像が積極的に使用されている。

図12-1　ビデオテーク

　設立当初から梅棹のもとでその理念の実現に尽力してきた山本紀夫名誉教授にコラム「博物館は博情館?」を書いていただいた。当時の梅棹の考え方の斬新さとその実践に向けたスタッフの意気込みが強く感じられる。山本氏は，音楽と楽器に関する企画展を開催し，展示場に生の演奏を持ち込むという，先駆的なインタラクティブな試みもしてきた。

> **コラム**　博物館は博情館?
> ──────── 国立民族学博物館名誉教授　山本紀夫
> 　民博に，わたしは1976年に就職した。教員（助手）としての初め

ての就職であった。民博が一般公開する,ちょうど一年まえのことだ。そのため,民博では館員すべてが一般公開にむけて準備に追われていた。海外からは展示のための資料が続々と到着していた。教員たちも,展示の準備や案内書づくりなどに忙殺されていた。

　そんな状況のなかで,わたしは右往左往していた。これは,程度の差はあってもほかの教員もおなじであったかもしれない。民族学(文化人類学)を研究していても,展示ははじめてという教員が少なくなかったからである。しかも,民博は,これまでにない新しいユニークな博物館を目指していたのである。

　では,「新しいユニークな博物館」とはどのようなものか。これは,一言でいえば,これまでの博物館がもっていたイメージを払しょくするような博物館のことだ。はなやかな雰囲気のある博物館が多くつくられている現在では想像できないかもしれないが,いまから40〜50年まえの時代には,博物館といえば「博物館行き」という言葉に象徴されるように古色蒼然とした博物館ばかりだった。カビ臭く,暗い展示場のなかで,標本類のほとんどがガラスケースに入れられ,手がふれられないようになっていたのである。

　実際,1977年に一般公開された民博では,ほとんどの資料が手でふれられるようにガラスケースに入れず,露出展示された。また,映像資料や音響資料なども多用され,展示場の一角に,自分で番組を選べるビデオのコーナーももうけられていた。しかし,当時,民博の館長であった梅棹忠夫氏は,これらだけでは満足していなかったらしく,のちに博物館について次のように述べている。

　　博物館は,情報機関であります。それぞれの分野に応じて,ひろく情報を収集し,蓄積し,変換し,創造し,伝達する。そういう機関であります。そして,集積された膨大な情報のなかから,最新の正確な知識を市民に提供する,これが博物館の仕事であります。

そして，梅棹氏は「博物館は，通常はもの，すなわち実物あるいは標本類をあつめるところと理解されて」いるが，「さまざまな情報こそは，博物館の重要な収集の対象」であると語っている。こうして，梅棹氏によれば，博物館の「物」という字は誤解をまねきやすいので，むしろ，博情報館，あるいはちぢめて博情館といったほうがよい，とも語っているのだ。
　しかし，これは容易なことではない。たしかに，情報を収集することは博物館の重要な仕事ではあるが，さまざまな情報をどのように展示するか，それが大きな問題になるからである。たとえば，音楽は民族学のなかで重要なテーマのひとつであり，実際に民博でも民族音楽のスタッフがいるが，音楽をどのように展示するか，これはなかなかに難しい問題である。
　この難問に，わたし自身が挑戦してみることにした。それが，1995年に民博の特別展示場で開催した「ラテンアメリカの音楽と楽器」展である。わたしは音楽の専門家ではないが，民博に就職して20年ちかくになり，この間に蓄積した展示にかんする知識やノウハウを思いっきり，発揮してみたいと思ったのであった。また，わたしは1968年にアンデスで調査をはじめて以来，ずっとラテンアメリカで研究をつづけてきたので，それに対する恩返しの意味もあった。
　さて，「音楽と楽器」をどのように展示するか。わたしの考えはこうだ。楽器は鳴らしてこそ，楽器である。したがって，楽器だけを展示しても意味がない。また，音楽は，ふつう，いくつかの楽器がともに使われる。それゆえ，ひとつの楽器だけを鳴らしても音楽にはなりにくい。また，ラテンアメリカの音楽は，ラテンアメリカの人びとが演奏してこそ，現地の雰囲気がかもしだせる。
　こうして考えだした案が，展示場の真ん中にステージをつくり，そこでラテンアメリカからきた音楽家にミニ・コンサートを演奏してもらうことだった。約2ヶ月間の開催期間中，ペルーのロドリゲス・ファミリー4人（図12-2）とパラグアイのサナブリア姉妹2人の音楽家たちに現地の民族衣装を着てもらい，一日3回のミニ・

コンサートをひらいた。そして，そのステージを囲むように，ラテンアメリカ各地の代表的な楽団の演奏風景をマネキンなどで再現した。さらに，２階の展示場では，地域という枠組みをこえて，打楽器や弦楽器，管楽器，その他の楽器類数百点とともに，ラテンアメリカの多様で多彩な音楽を映像資料や音響資料なども駆使して展示した。

図12-2　特別展の会場で毎日生演奏したペルーのフォルクローレ音楽グループ「ファミリア・ロドリゲス」の４名

はたして，このような工夫は成功したのであろうか。この展覧会の実行委員長であったわたしが答えるかわりに，展覧会を見にきてくださった来館者のひとりの感想を以下に紹介しておこう。この展覧会は準備の最中に阪神・淡路大震災がおこっただけでなく，一般公開してすぐにサリン事件がおこるなど，大変な時期だっただけに実行委員長としては大いに励まされたからである。

> 私共夫婦は神戸の長田で被災。大阪へ避難してまいりました。どんなにか，パラグアイの御姉妹の演奏になぐさめ励まされ力付けられました。何卒神戸の被災者が今日の日を感謝していたかお伝え下さいますように。音楽は一つ，パラグアイそしてラテンアメリカは近い国となりました。このような企画をして下さった皆様に感謝します。
> （展覧会によせられたアンケートの一部より抜粋　原文のママ）

3. 民博の展示の新たな考え方

(1) 30年後の新たな基本構想

　民博では、1977年の開館から30年を経て、新たな「展示基本構想2007」がまとめられ、それに基づいて展示のリニューアルが行われてきた。新たな基本構想は、それまでの、時代の変化、博物館をめぐる人びとの意識の変化、学問の枠組みや研究者の考え方の変化などをふまえたものである。

　時代の変化とは、近代化とグローバル化による社会の劇的な変化である。地球規模の人・モノ・情報の交流の増大により、諸民族文化は大きな変容をとげるとともに、人びとは「自己の文化」や「自己の歴史」への関心を高め、博物館をめぐる人びとの意識も変化した。一方的な民族誌記述や民族誌展示のあり方に対する、当の民族や文化の担い手からの異議申し立てがなされるようになった。また、博物館の利用者が身に着けている知識や情報も格段に増加し、利用者が博物館に対して求める要求は急速に高度化・多様化している。そうした状況に対する新たな方向性として、双方向的・多方向的な交流の場として博物館が構想されるようになった。

　学問の枠組みや研究者の考え方の変化については、2017年4月に着任した吉田憲司新館長の考え方に明確にみることができる。吉田館長は、『月間みんぱく』に掲載された対談で「これからのみんぱくの展示のありかた」を問われ、次のように答えている（丹羽　2017, p.5）。

　　わたしはみんぱくの創設20周年記念シンポジウム「二一世紀の民族学と博物館―異文化をいかに提示するか」（2004年）で、コーディネーターをつとめました。その場で美術史家のダンカン・キャメロ

ンが提唱した「フォーラムとしてのミュージアム」という考え方を紹介しました。「フォーラムとしてのミュージアム」というのは，そこで人と人，人とモノが出会い，そこから議論や活動が広がっていく場としての博物館という考え方です。その理念は，みんぱくのリニューアルのもととなった「展示基本構想2007」にも盛り込まれましたし，世界的な博物館の潮流にもなってきたと思います。

基本構想2007年で述べられた方向性は，梅棹の基本構想から脱皮した新たな方向性を示している。民博の従来の展示を，地域文化を総覧的に展示しようとするものであったとし，展示の新たな考え方を次のように示した。「展示とはあくまでも特定の視点から特定の目的をもった文化の切り取りでしかなく，文化をまるごと表象するという総覧的な展示や，歴史的背景から独立した客観的で中立的な展示というものはそもそも存在しえない。展示の構成にあたっては，そうした限界を明確に認識し，むしろそれを積極的に活用する姿勢が必要となる」。

展示表現の技術，手法に関しても，民博創設時の展示では「個々の物がどのようなコンテクストにおいて使用されているかという点については十分な情報を提供できずに終わった」と，その限界が明示され，今後の展示においては，個別の展示の目的やコンセプトに応じて，多様な展示技法をとっていくという方向性が示された。さらに，従来の民博の展示においては，「解説は最小限度に抑えられ，ジオラマ・写真・音等の他のメディアの使用は制限され，歴史的背景の参照は抑制されてきた」ため，「生きている人びとの姿を喚起することができなかった」とし，「展示される文化に属する人びととの対話を重視するフォーラムたり得るためには，こうした展示手法は見直されるべきである。とりわけ，対象文化が形成されるにいたった歴史的・社会的背景を重視すること，生

活の全体性を表現すること，人びとが文化をどのように生き，文化を通じてどのように世界を経験し，表現しているかを伝えることが，新しい地域文化展示に求められる」とされた。

（2）民博の展示における情報・メディア

　それでは，情報・メディアの観点からみるとき，新たな基本構想が民博の具体的な展示にどのように反映されているのだろう。現在は，従来はみられなかった双方向性を持った（インタラクティブな）展示手法を随所にみることができる。

　地域展示の最初はオセアニア展示であるが，まず，そこに多様なメディアが駆使されている。オセアニア展示の中央には，アウトリガー・カヌー「チェチェメニ号」の展示があり，カヌーによる実際の航海の様子を，ボタンでスタートする「伝統的航海術」のアニメーション画像で見ることができる（図12-3）。スターナビゲーションと呼ばれる，星・星座の出没位置を利用した「コンパス」による航海の方法が，児童にも親しめるような画像で，また自分が主人公になったような感覚で理解できるようになっている。また，この展示場には，オセアニアの島々の言語のバリエーションを比較できる，タッチパネルの装置もある。

図12-3　「伝統的航海術」のアニメーション画像を含む，オセアニア展示室の多様な解説メディア。

歴史性や現代性が大幅に加えられ，新たな基本構想がよく反映されているのは，アフリカ展示室であろう。奴隷制の歴史がパネルで語られ，そのコーナーの先には，キオスク，理髪店，カフェなどに囲まれた，現代アフリカの街角が再現されている。そして，現代のアフリカの都市の映像が大きなスクリーンで描き出され，都市の住居のバックパネルの展示もあり，そこで見学者が写真を撮ることができる双方向的参加展示が設置されている（図12-4）。その先の狩猟採集民族サンの展示コーナーでは，たとえば，親指ピアノの現物とそれが演奏される映像とともに，それを制作する人の展示が組み合わされている。

図12-4　アフリカの都市住民に人気がある記念撮影に使うモダンな住居のバックパネル（左上部）は，参加型展示となっている。

民博の展示は地域展示が中心であるが，音楽と言語をテーマとする通文化展示の展示室がある。この二つの展示室では，映像や音が重要なため，特にITが活用されている。ここでは，言語展示のなかでITを活用した装置の例をみておこう。

「ことばスタンプ」の装置は，スタンプ状のブロックを使って言葉と

音の関係を体験的に知ることのできる，子どもも大人も楽しめる双方向的な展示である（図12-5）。音のスタンプをテーブルに押し付けると，組み合わせや押した順序によってさまざまな音が発せられる。組み合わせを試すうちに，しだいに音という形のないものに触れているような感覚を得ることができる。

図12-5 手前が「ことばスタンプ」コーナー。壁側には，22の方言で聞ける「ももたろう」コーナー，「世界のことば」コーナーなどがある。

　語順類型の装置では，世界の約150言語の語順について調べることができる。この装置の意図するところは大きく二つある（庄司　2000, p.97）。一つは，言語の構造の持つ普遍性について理解してもらうことである。もう一つは，語順の多様性によって言語間の違いを理解してもらうと同時に，語順の多様性にもいくつかのタイプにまとめられることの発見である。
　端末装置による展示解説も充実してきた。現在，「みんぱく電子ガイド」が無料で貸し出されている。展示場で，映像と音声による展示解説を選び，展示資料がどのような人びとによって，どのような場所でどのように使われているかなど，さまざまな情報を得ることができる。

本館2階展示場の回廊部分はインフォメーション・ゾーンとなっており，そこは，民博の研究や展示をより詳しく知ることができる「探究ひろば」，世界のさまざまな地域の生活や文化を紹介した映像番組を視聴できる「ビデオテーク」から構成されている。ほかにも，「リサーチデスク」では，展示資料に関するさまざまな情報を検索したり，比較したりすることができる。自分の知りたい展示物のアイコンをタッチすると，関連した情報が画面に表示され，名称や使用されている地域，展示場所，それらについて書かれた図書や雑誌の記事，ビデオテークの番組，電子ガイドのコンテンツ等を知ることができ，共通したキーワードを選択することによって，地域をこえたモノの比較も行うことができる。

4. 歴博におけるITの活用——企画展示から

「はじめに」で述べたように，歴博におけるITの活用の好例として，企画展示「デジタルで楽しむ歴史資料」についてみていこう。この企画展示は，洛中洛外図屏風（びょうぶ）「歴博甲本」，江戸図屏風，前九年合戦絵詞，結城合戦絵詞，紀州徳川家家楽器コレクションなど，重要文化財を含む歴博の貴重な実物資料を展示しながら，デジタル技術を使って，大きく見やすく表示したり，複数の資料を見比べられるようにして，より多角的に歴史資料を楽しむことができるような展覧会として企画されたものである（図12-6）。

図12-6　企画展示「デジタルで楽しむ歴史資料」の入り口

洛中洛外図屏風「歴博甲本」は室町時代に描かれた重要文化財である。この展示では，大きな屏風絵に描かれた細密な人物描写を拡大するとともに，「人物データベース」を使って，性別，年齢，身分などによる人物の描き分けられ方を調べることができる。

江戸図屏風は，三代将軍家光の時代の江戸の町の全景を描いた貴重な作品である。この展示コーナーでは，デジタル画像によって，屏風絵を自由に拡大することができる「歴史資料自在閲覧システム」が示された。このシステムによって，タテ2センチほどの人物像が拡大でき，その服装などもはっきりと確認できる。また，市場の店先を拡大すると，そこで売っているアワビ，ハマグリなどがはっきりと確認できる。

「江戸名所見比べコンテンツ」では，江戸図屏風（江戸前期）に加えて，江戸名所之絵（江戸後期），再刻江戸名所之絵（幕末期）から，王子，日本橋，浅草寺など12カ所を選んで，それらの名所が時代とともにどう変化したかを知ることができる（口絵4）。たとえば，「両国橋」を見ると，（この橋は17世紀半ばに架けられたため）江戸図屏風には描かれていないが，江戸名所之絵と再刻江戸名所之絵では，見世物小屋や茶店が描かれ，江戸後期に両国が盛り場になったことがわかる（図12-7）。

図12-7 「江戸名所見比べコンテンツ」。この画面では「両国」の時代による変化がわかる。

「描かれた武士」コーナーでは，前九年合戦絵詞，太平記絵詞，結城合戦絵詞の3つの絵巻の実物が展示されるとともに，デジタル画面上で中世の3つの時代（平安末期〜鎌倉時代，南北朝時代，室町時代）の武士の姿や戦い方などを比較できる。

たとえば，馬上から射る騎射は元来は「追物射（おいものい）」だったが，12世紀末の源平合戦のころから「馬静止射（うませいしい）」が多くなる。それは矢の飛距離が増したためである。さらに，南北朝では，馬から降りて弓を射るようになる。その理由は，弓がさらに強力になり，下馬して遠距離を狙うように変化したためである。室町時代になると，徒歩で射る「歩射（ぶしゃ）」が一般的となった。このように，デジタル画像を利用することで，特定のテーマにそって資料を自由に比較することができる。

「錦絵に用いられた赤と青の分析」コーナーは，デジタル写真を使った，色の分析を展示として表現したものである（図12-8）。歴博所蔵の約4,000枚の錦絵について，それをデジタル撮影して，デジタル・アーカイブ化した。

それを使った研究の一つとして，赤色の分析の例が示された。幕末から明治期にかけて，「赤絵」が流行した。すなわち，錦絵の赤は，ある時期から，オレンジに近い赤から鮮やかな強い色調の赤に変化した。それがいつから変わったのか，錦絵の赤の色相のグラフを作って比較したところ，グラフの山のピークが右（黄色がかった赤）から左（紫がかった赤を）に大きく変わったのが1869年だということが解明された。こうした研究もデジタル技術の応用例の一つである。

このデジタル技術を駆使した企画展示を主導した鈴木卓治教授に，歴博におけるITの活用についてコラムを書いていただいた。

図12-8 「錦絵に用いられた赤と青の分析」コーナー。デジタル画像の撮影装置が展示されている。

> コラム　歴博における情報・メディアのこれまで・これから ──
> 国立歴史民俗博物館教授　鈴木卓治

　国立歴史民俗博物館では，日本歴史学の情報センターの役割を担うため，研究者向けデータベースの作成・公開を行う情報処理専任の教職員が当初より配置されています。1990年にサービスを開始した「データベースれきはく」[1]は，館蔵資料や蔵書目録等，現在53のデータベースを公開しており，インターネットを介して利用することができます。また歴博の親機関である人間文化研究機構（東京都港区）が2008年より提供を開始した統合検索システムnihuINTでは，機構に所属する6研究機関[2]が公開する百数十のデータベースを同一キーワードで横断的に検索することができます。

　展示へのデジタル技術の導入は，2000年から開発が始まった「歴史資料自在閲覧システム」（図12-9）が契機となりました。資料の高精細画像をどの部分でも大きくして見ることができるこのシステムは，現在でも歴博のデジタルコンテンツの中心的な存在です。現在，総合展示の第3展示室（近世），第4展示室（民俗），第6展示室（現代）にそれぞれ数十台のタッチパネル端末が置かれ，資料や

展示に関するより詳細な情報を提供しています。また、2000年以降に開催された企画展示・特集展示のほぼ半数で、デジタルコンテンツが制作・出展されています。

図12-9 「洛中洛外屏風」を題材とした超拡大画像による「歴史資料自在閲覧システム」。人物の拡大によって、身分・職業、服装の比較などが容易となる。

歴博が所有する数多の歴史資料は、大切に守り未来に伝えていくとともに、共有の財産として、今を生きている我々の役に立てていかなければなりません。一見相反するこの要求に、歴博は開館以来挑み続けてきました。歴博の特徴である精密な複製（レプリカ）の制作と展示はその答えの一つです。本館の小島道裕教授による「博物館とレプリカ資料」[3]は、歴史系博物館におけるレプリカ資料の制作と利用について論じたもので、歴博におけるデジタル技術利用の理論的根拠としています。すなわち、レプリカ資料が持つ特性と限界はデジタルコンテンツについても同様であり、もとの資料から独り歩きしないよう注意して制作すべきと考えています。

2017年3月から5月にかけて企画展示「デジタルで楽しむ歴史資料」（以下、デジタル展）を開催しました。この展示は、パソコンやスマートフォンをはじめとするデジタル技術を利用して、さまざまな形で歴史資料を楽しんでもらおう、という催しであり、どうやったら来館者のみなさまに歴史資料を楽しくわかりやすく見ていただけるか、資料のことをよりよくわかっていただけるか、デジタル

技術を使って挑戦したものです。

たとえば「江戸名所見比べコンテンツ」は，異なる時代に描かれた江戸の風景を描いた3つの資料について，12の江戸名所を取り上げて，描き方にどのような違いがあるかを見比べることができます。関連する内容をもつ資料を集めて見比べるというコンセプトは，現在歴博が推進する「総合資料学の創成」[4]がめざす「資料を多様な形で分析・研究する」ことにつながるものです。

また，同じくデジタル展に出展した「デジタルすごろくゲーム台」[5]は，マイコンと無線トランシーバを内蔵した「デジタルさいころ」を使って，江戸時代のすごろくを楽しむ趣向です（図12-10）。これをある学会の研究会で技術者を前にデモンストレーションしたとき，技術的に新しいものがない，有効性がわからない，と評判はよくありませんでした。ところが実際の展示では大人気で，子どもはもちろん，年配の方もさいころを手に取りすごろくを遊んでくださいました。技術が新しいか古いかよりも，それを使う人と向き合っているかどうかがずっと大事なことだ，と改めて気が付いた次第です。

図12-10　「デジタルすごろくゲーム台」。

〈注記〉

1　https://www.rekihaku.ac.jp/education_research/gallery/database/index.html.
2　国立歴史民俗博物館，国文学研究資料館，国立国語研究所，国際日本文化研究センター，総合地球環境学研究所，国立民族学博物館の6機関．

3 国立歴史民俗博物館第50集（1993）に収録。加筆修正したものを歴博 Web サイト（https://www.rekihaku.ac.jp/kenkyuu/kenkyuusya/kojima/repl.html）にて読むことができます。
4 http://www.metaresource.jp.
5 龍谷大学理工学部曽我麻佐子研究室との共同開発による。

参考文献

梅棹忠夫『メディアとしての博物館』（平凡社　1987）
梅棹忠夫『梅棹忠夫対談集　知的市民と博物館』（平凡社　1991）
国立歴史民俗博物館『ガイドブック』（第4版）（歴史民俗博物館振興会　2014）
国立歴史民俗博物館『企画展示　デジタルで楽しむ歴史資料』（歴史民俗博物館振興会　2017）
庄司博史「言語を展示するということ　―民博第7展示棟増築にともなう言語展示改装にさいして―」『国立民族学博物館調査報告』16（2000，pp.88-116）
丹羽典生「吉田憲司新館長に聞く開館40年，これからのみんぱく」『月刊みんぱく』4月号（国立民族学博物館　2017）

13 | 美術館における情報・メディア

大髙　幸

≪目標&ポイント≫　美術館における情報には，美術館自体，資料である美術作品や，教育機会，利用者とのコミュニケーション等にかかわるものがあり，これらの情報を利用者が館内・館外で活用する場合によりさまざまなメディアがある。これらの具体例を参照しながら美術館の取り組みや課題を検討する。
≪キーワード≫　収蔵品，鑑賞，触覚，複製，VR，シリーズ化，アウトリーチ，企画展，パブリシティ，広告，ソーシャルメディア

1. 美術館にかかわる情報・メディア

（1）美術館にかかわる情報とメディア

美術館が発信する主な情報には下表のようなものが挙げられる。

表13-1　美術館が発信する主な情報

項目	主な情報
美術館	概要，コレクション，施設，利用案内，活動内容，展覧会，教育プログラム，研究成果等
収蔵品	制作時期，作者，タイトル，大きさ，材質，技法，来歴（所有者歴），展覧会出品歴，文献掲載歴，関連する作品や作者，収蔵品番号，展示中かどうか等
展示品	制作時期，作者，タイトル，大きさ，材質，技法，所有者，社会・文化的意味等
展覧会	趣旨，サブ・テーマ，主要展示品，展示品リスト，会期，入場料，関連プログラム，研究成果や掲載文献，図録（展覧会カタログ），主催者，支援者，協力者等
教育プログラム	趣旨，開催時期，場所，対象者，人数，形式（講演会，ワークショップ等），費用，申し込み法等
利用者	利用者からのよくある質問，意見等

美術館は，これらの情報を，館内の案内板や展示品の鑑賞に役立てるための展示補助教材（解説パネル，ラベル，パンフレット，オーディオ・ガイド，モバイル端末，ワークシート等），学芸員や外部専門家による教育プログラム（講演会やワークショップ），図書室，館外における広告用のポスターやチラシ，図録や美術書，紀要等の文献，新聞，雑誌，テレビやラジオ等のマス・メディア，インターネット上の情報サービス機関，館のウェブサイト等，多様なメディアを通して提供している。

　とりわけ，収蔵品（資料）に関連する詳細情報を発信することを，美術館はおおいに期待されてきた。国立西洋美術館（台東区）の川口雅子情報資料室長は，美術作品の歴史的文脈や価値を把握し，新たな価値を提供し続けていくために，美術作品に固有の重要な情報として，来歴，展覧会出品歴，文献掲載歴を挙げ，文書や文献資料が重要な役割を果たすと指摘する（2014）。美術館が，こうした収蔵品関連情報を発信するためには，それらの情報を収集し，内部で一元管理し，検索システムを構築することが前提となる。このことは，収蔵資料の関連情報を公開する博物館全般に当てはまるといえよう。なお，所蔵資料のドキュメンテーションやデジタル・アーカイブズに関しては，第4章を参照のこと。

(2) 美術作品鑑賞における情報とメディア

　ここでは，美術館の資料である美術作品をモノとしての観点から鑑賞する際の，情報とメディアについて検討しよう。博物館は，視覚により資料を鑑賞することが中心の，視覚優位の文化施設といわれてきたが，その最たる例が美術館である。そこでは，作品保護のため，来館者にガラス越しや柵越しに美術作品を鑑賞することを求めがちである。けれども，美術作品は，たとえそれが平面の絵画であっても，その表面にはさまざまな起伏や肌理（きめ）が存在する造形芸術である。造形芸術は，制作者が

第13章 美術館における情報・メディア | **215**

その意図を媒体（絵画における絵具や彫刻における石や木材等の物質）を通して表現する類の芸術である。造形芸術では，作品自体が制作者の意図を表現するメディアであるといえる。来館者がガラス越しに美術作品を鑑賞（含味）する場合，メディアとして作品が本来有する情報のうち，視覚情報に偏って作品の真価を味わおうとしていることになる。

　来館者がさわって美術作品を鑑賞することは，作品保護等，美術館の管理運営上，種々の配慮を必要とする。しかし，触覚による鑑賞は，視覚では得られない情報（作品表面の肌理や弾力性，温度等）をじっくり味わうことを誘い，作品の特徴や新たな価値の発見につながる。触覚による作品鑑賞の重要性を認識する国内外の博物館（美術館を含む）は増加しており，多様な取り組みをしてきた（大髙　2016，pp. 214-220）。

　日本の早い例では，兵庫県立美術館（神戸市）が，1989年以来毎夏，収蔵または現代作家からの借用による彫刻作品をさわって鑑賞できる展覧会シリーズ『美術の中のかたち―手で見る造形』を開催してきた（図13-1）。彫刻作品の場合，指先や手のひらの触覚による鑑賞だけでなく作品の周囲を歩き回ってさまざまな角度から鑑賞することも新たな発見

図13-1　『2017年　美術の中のかたち　青木千絵展　漆黒の身体』の
　　　　＜BODY 17-3＞（2017）の鑑賞風景（写真提供：兵庫県立美術館）

につながる。この取り組みは万人にとって有意義であるといえよう。

　また，京都国立博物館（京都市）は，すべての人にやさしい博物館を目指している（京都国立博物館　2014年）。その一環として，新館の平成知新館を開館した2014年から，同館で常設展示されている美術作品に関連して，展示室近くのホールに２～３箇所，作品の素材や複製等をさわって鑑賞できる「ミュージアム・カート」というワゴンを用意している。図13-2は，海外からの観光客の一行が，鎌倉時代の仏像の水晶の眼がどのようにはめられたかを知るために，カートに常駐の京博ナビゲーターの解説に沿って仏像の顔の模刻の裏側から樹脂製の眼をはめ，その仕組みを学ぼうとしているところである。この試行体験は，仏像の制作技術に関する来館者の理解を深め，鑑賞の一助になっているといえよう。

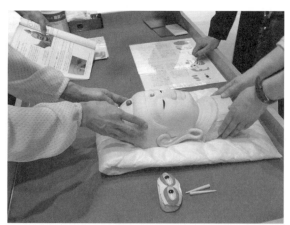

図13-2　京都国立博物館の「ミュージアム・カート」（撮影：大髙幸）

（3）デジタルメディアを用いた美術鑑賞

　今日では，美術作品の複製の製作においても，コンピュータ・グラフィックス（CG）や3Dプリンター等，デジタルメディアや機器が活用

され，美術作品の鑑賞の可能性が拡がってきている。

　たとえば，国立西洋美術館（台東区）の企画展『ジャック・カロ』展（2014年）では，細部にわたる微細な表現で知られるフランスの版画家ジャック・カロ（1592-1635）の特徴的な作品に関して，展示室内のモニター上でさわった部分を拡大して鑑賞できるタッチ・パネル＜みどころルーペ＞（©株式会社DNPアートコミュニケーションズ）を設置した（図13-3）。大日本印刷が開発したこのシステムは，高精細画像，拡大機能だけでなく，拡大部分に伴い10種の解説文がモニター上に表示される解説機能を併せ持ち，来館者の鑑賞を補助した（国立西洋美術館　2016年）。

図13-3　国立西洋美術館『ジャック・カロ』展での＜みどころルーペ＞（写真提供：国立西洋美術館）

　また，凸版印刷は，印刷技術を通して培ってきた高精細デジタル化技術，カラーマネージメント（さまざまなメディアにおいて的確な色彩を表示するための管理）技術等をもとに文化財をデジタルアーカイブ化し，そのデジタルアーカイブデータを活用して，美術史や建築史等の専門家の監修のもと，高精度で臨場感溢れる文化財のVR（Virtual Reality）

映像作品を製作してきた。その一部は，印刷博物館（文京区），東京国立博物館（台東区），ホンジュラス共和国国立博物館等，国内外の博物館のVR専用シアターで公開されている。

さらに，凸版印刷は，新たな絵画鑑賞法を提案すべく，＜ViewPaint＞というVR映像システムを2010年から構築してきた。17世紀オランダ，デルフトの画家，ヨハネス・フェルメール（1632-1675）の風俗画＜牛乳を注ぐ女＞（1658-1659 油彩　アムステルダム国立美術館蔵）に描かれた絵画空間を，このシステム（2011年完成）を用いて探究することについて，検討してみよう（図13-4）。

フェルメールは，同時代のデルフトの画家たちの技法や意図を研究し，彼らの構図，透視法，光の描写法をいっそう洗練させて，独自の風俗画の様式を築いた「時代に深く根を下ろした画家」であり，生前から人気が高かった（小林　1998, p. 104）。

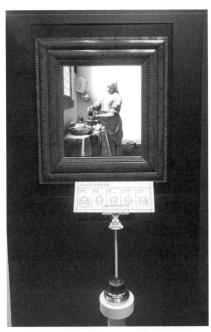

図13-4　『＜ViewPaint＞：フェルメール《牛乳を注ぐ女》』製作・著作：凸版印刷株式会社/監修：小林賴子/Original photo data：Het Melkmeisje [The Milkmaid] by Johannes Vermeer ⓒRijksmuseum Amsterdam. Purchased with the support of the Vereniging Rembrandt.（撮影：大髙幸）

鑑賞者は，＜ViewPaint＞を用いて，モニター上の＜牛乳を注ぐ女＞の室内空間の映像を，コントロ

ーラー操作により，次のように変容し，制作現場における画家の試行錯誤を追体験することができる。

- 選んだ部分を拡大し，筆致や輪郭線，色調，光の描き方等を吟味する。
- モティーフ（絵画において中心となるイメージ）である女性や，その周りの部屋の様子を，室内のさまざまな位置で360度，角度および消失点を変えながら観察し，女性のいる空間を体感する。

当初，主にパソコン向けに開発された＜ViewPaint＞は，2016年12月からスマートフォン等のモバイル機器向けにアプリケーションが配信され，利用者の利便性が増してきた。モバイル機器では，望遠あるいは広角レンズの選択の違いにより，画家の視点からの画角を変えることも可能である。

これらの操作による画面の変容は，フェルメールと同じ仮想空間内を鑑賞者が主体的に探究することを誘い，この過程を通して，フェルメールの画家としての技量や意図を発見することを促す。

このVR映像システムは，実物の絵画と比較対照する場合や，フェルメールの作品のように，実物の絵画が希少で鑑賞の機会が稀有である場合等，絵画鑑賞の可能性を拡げるといえよう。

構図や奥行，光，色彩といった絵画の諸要素により，画面を自在に変容できるVR映像システムを構築する際は，研究者の監修が重要な役割を果たす。『ViewPaint フェルメールの《牛乳を注ぐ女》』は，監修者の美術史家小林頼子の研究成果に基づき設計された。たとえば，絵画探究のために変容可能な要素は，画家の持ち味を特徴づける事柄から抽出されている。＜牛乳を注ぐ女＞のVR上での探究の可能性には，上記のほかに，フェルメールが制作途上で削除した籠と完成画面に残した足温器とを入れ替えてみることや，光の状況を変えてみることも考えられる

（小林　2016）。

　さらに，実物の絵画に描かれていない部分等，不明な点のVR映像化は，綿密な考証に基づかないと，誤った映像を制作してしまうことになりかねないため，いっそうの注意を要する。＜ViewPaint＞では，実物の絵画＜牛乳を注ぐ女＞に描かれていない天井は，フェルメールを始めとするデルフトの画家たちのほかの室内画に関する小林の詳細な調査結果に基づき，映像化された。また，画面の正面の壁に描かれたタイルが当時13cm四方の規格品であるという研究結果から，この寸法を基準として，部屋の広さや奥行，女性の位置を算出したという（小林　2016）。

　このように，優れたVR映像システムは，利用者が画面を自在に変容できるという，デジタルメディアならではの特徴を活かし，多くの人が絵画の真髄を主体的に味わうための新しい手がかりであるだけでなく，鑑賞を深め得る拠りどころとなる研究成果を学ぶための新しいメディアでもあるといえよう。

2．教育機会にかかわる情報・メディア

　美術館を敬遠する人びとは少なくない。「場所が遠い」，「美術は難しくて作品の鑑賞は苦手」，「美術は好きだが静かにしなければならないので子どもを連れて行けない」，「病気だから」等，理由はさまざまである。そこで，メディアとしての美術館は，美術や美術館に親しみを持ってもらうため，展覧会や展示品，文献のほか，さまざまな教育機会を提供している。

　美術館と利用者との相互作用を伴う教育機会には，人が介在する講演会やワークショップ等のプログラムや，ウェブサイト上で利用者が収蔵品を探究できる検索システムやクイズ等がある。

　美術作品の鑑賞の過程で会話を採り入れる等，人が介在するプログラ

ムは，作品や美術館の情報を参加者の関心や必要に応じて提供できるだけでなく，参加者の意見，すなわち参加者側の情報を美術館が聴取できることから，双方にとって貴重な機会であり，拡がりをみせてきた。その具体例を参照して検討しよう。

福岡市美術館（1979年開館）は，子ども，家族，学校団体，大人，視覚に障害のある人，病院の入院患者等，対象グループを拡げながら，さまざまなプログラムを提供してきた。ここでは3つの機会を検討しよう。

1990年代以降，子ども向けの教育機会を提供する美術館が全国的に増加してきたが，福岡市美術館は，1990年に，子ども向け展覧会，ギャラリー・トーク，解説プリント，ワークシート，実技講座等を織り交ぜた『夏休みこども美術館』というプログラムを開始し，その形態を変えながら，継続してきた。その後拡充されてきた，ワークショップや美術館探険等，主体学習を中心とするプログラムの参加者は，増え続けているという。

鬼本佳代子主任学芸主事は，小中学生の常設展示への来館数が格段に多い8月の時期に子どもを対象とした企画を行うことは意味のあることであり，「楽しく」美術を見る体験をした子どもたちを毎年一定数輩出していることは，将来的により豊かな美術鑑賞者を産む可能性があると指摘する（鬼本　2013）。

また，急速な高齢化が進展する日本において，人生の意味を再確認し肯定的に受容するという高齢者に普遍的な課題をふまえ，博物館が高齢者にどのような教育機会を提供できるかということは，館種にかかわりなく，博物館の重要課題の一つであるといえよう。しかしながら，美術館は，高齢者を対象としたプログラムをこれまであまり提供してこなかった。

そこで，福岡市美術館は，2013年度に，60歳以上をシニアと位置づけ，この世代を対象として，美術館および美術への造詣を深めてもらい，心の充実感を実感してもらうことをねらいとした『いきヨウヨウ講座』を開始し，以後シリーズ化して毎年実施している（福岡市美術館 2015）。

第1回「わたしの桜，わたしの梅」(2014年3月16日)は，同時期の常設テーマ展『桜と梅』(2014年1月28日〜3月30日)にちなみ，次の3部構成で開催された。

① 展示室で，梅や桜が描かれた作品等を，展示を担当した学芸員と福岡市植物園の展示係長との連携ギャラリー・トークにより，美術的および植物学的視点から鑑賞。
② 別室で，お茶菓子を囲んで，参加者各人が思い出深い「わたしの桜，わたしの梅」を語り合い。
③ 続いて，各人が「わたしの桜，わたしの梅」を，色紙や和紙，ペン，色鉛筆等用意された材料のなかから好きなものを選び，平面と言葉で表現した作品を制作し，発表。1年後に自宅に郵送されるよう，封筒に入れ，アンケートに感想等を記入。

「わたしの桜，わたしの梅」にまつわる鮮やかな物語が互いの感動を呼び，涙ぐむ参加者もいた。さらに，美術館は，1年後の2015年3月，預かっていた作品を参加者の自宅に郵送した。過去を切り取ることで未来に希望を持って欲しいという願いや，さらに1年生きた証という想いが込められた郵便物だった。こうすることで，このプログラムは，「わたしの桜，わたしの梅」が遠い過去の思い出に終わるのではなく，1年前のプログラムの思い出も加わるとともに，これからも続いていくということを示唆したといえよう。

このプログラムでは，参加者が一定期間経った出来事を思い出すとい

う回想の機会を提供している。高齢者の回想は，自己の人生を整理し，とらえなおすという，積極的で自然かつ普遍的な過程である（高橋（祥）2014）。しかしながら，私たちは誰しも，今このときを充実したものにするために，過去の思い出にひたるのみでなく，未来への希望も必要としているのではないだろうか。このプログラムは，これからも思い出深い出来事を主体的に積み重ねていく未来への可能性についても，参加者が思いを巡らせる機会を提供している点が，高齢者を対象としたプログラムとして意義深いと考えられる。

図13-5 『いきヨウヨウ講座』の「わたしの桜，わたしの梅」のギャラリー・トーク（左）と思い出を語り合う参加者（右）（写真提供：福岡市美術館）

　福岡市美術館のように，子どもや高齢者等の対象集団ごとの教育機会をシリーズ化し，継続するということには，さまざまな利点がある。参加者にとっては，より多くの美術作品を，多様な視点から長期にわたって探究できることや，その経験で得た知識が記憶に残りやすい。また，参加機会を逃した人にも，プログラムの情報を記憶しやすく，次の機会への可能性が開かれている。こうしたことから，シリーズ化された教育機会は，美術館利用者が美術館に親しみを感じるうえで効果的である。
　これに関連して，『夏休み子ども美術館』シリーズ化の効果について，

鬼本は次のように述べている(2013 p.45)。

> 実質的な効果は，美術館内に蓄積していく技術や経験にあるといえないだろうか。毎年，同じ時期にシリーズ企画を実施することは，担当学芸員にとっては，前年度の失敗や成功を踏まえながら，新たな実験を行える恰好の機会である。それらが技術と経験として，学校団体への対応やボランティアの育成，新たなワークショップの企画へと結びついていったことが，実は最も大きな＜夏休みこども美術館＞の実質的効果であったと言えるのではないだろうか。

シリーズ化されたプログラムは，美術館と参加者双方が学び合い，各々がそこで得た知識すなわち情報を活用するうえで，双方にとって効果的であるといえよう。

図13-6 『どこでも美術館』の「やきものボックス」一式
（撮影：大髙幸）

さらに，福岡市美術館は，使う場所を選ばない教材セットを数種類開発し，公民館や学校，病院等，美術館外での出前（アウトリーチ）プログラムで活用する『どこでも美術館』事業を2016年度に開始した。教材は，絵画，陶磁器，染織，彫刻等の種類別で，たとえば「やきものボックス」一式には，初期伊万里・古唐津の複製（実物大）や陶片，陶土等が収納され，さわって鑑賞できるものも含まれている（図13-6）。

以上，福岡市美術館が提供するさまざまな教育機会から，より多様な人びとに貢献することを目指して，考案・実施されてきた3つの機会を参照してきた。美術館が提供する教育機会は，美術作品とそれらを取り巻く文脈，参加者の意見，美術館に関する情報等，さまざまな情報の自由な交換による新たな発見を誘う，重要なメディアであると考えられる。

3. 展覧会等にかかわる情報・メディア

　博物館のなかで，美術館は，企画展に力点を置く傾向が顕著である。美術館は，企画展の充実化をはかるため，他の美術館・博物館や個人等から作品を借用したり，他館やマス・メディアの文化事業部等と共催したり，美術史家等，外部の専門家に監修を依頼することも多い。これらのことは，美術館が収蔵品にかかわる情報を蓄積し，内部・外部で活用可能な検索システムの構築を求められる要因でもある。

　また，企画展開催は，美術館が広報（PR: public relations）を重視すべき要因にもなっている。美術館の広報活動のなかで，重要なものに，第三者に美術館にかかわる情報を発信してもらうパブリシティという手法がある（平木　2017）。たとえば，新聞，雑誌の特集記事やテレビ，ラジオのニュースや特別番組等，マス・メディアを通して，企画展を始めとする美術館にかかわる情報が頻繁に発信されるが，こうした記事や番組等は，マス・メディアが制作・提供するもので，美術館はそれに必要な情報をマス・メディアに提供している。

　パブリシティでは，美術館が提供したい情報を期待通りマス・メディア等の第三者が発信してくれるとは限らない。しかしながら，多額の費用を美術館が支払って情報を発信する広告（新聞や雑誌等に掲載する広告，テレビでの宣伝，ポスターやチラシ等）と違い，パブリシティで

は，美術館に費用負担がないのが一般的である。したがって，美術館にとって，とりわけ，マス・メディアを介したパブリシティは，不特定多数の人びとに低コストで効率的に情報を告知できるだけでなく，第三者による信頼性の高い情報であると受け手に認識される傾向があるため，情報の受け手の関心の喚起において，効果的である可能性が高いと考えられる。

したがって，美術館は，パブリシティの一環として，企画展等に関するマス・メディアや専門家向けの情報提供（プレス・リリース）や会期前の内覧会等を実施するとともに，マス・メディアで発信される美術館関連情報（メディアの種類や，発信者，頻度，内容等）に注意を払う必要がある。

また，今日，美術館は，インターネット上で，自館のウェブサイトや情報サービス機関（マス・メディアの電子版を含む），ソーシャルメディア（SNSやブログ等）を介して，従来のメディアに比べ，短期間・低コストで情報を拡散できるようになっただけでなく，多数の人びとの意見や行動の動向も，ある程度，効率的に把握できるようになった。

たとえば，さまざまな観点からの現代美術の大規模な企画展で知られる森美術館（港区）は，2003年の開館時からウェブサイト等，インターネットを活用し，従来の広報・広告に加え，インターネット上，ソーシャルメディア上での来館者とのコミュニケーションにも初期から取り組んできた。その一環として，ソーシャルメディア上に広告を掲載するだけでなく，来館者による展示作品の写真撮影・投稿を，出品作家の著作権や著作者人格権の侵害にならない範囲（第5章参照）および出品所蔵者の意向を尊重したうえで勧める等，ソーシャルメディアのネットワーク内での来館者の情報発信・共有・拡散の機会の提供にも積極的である。

森美術館では，十数名を擁するマーケティングの部署が，学芸と来館者との橋渡し役として，来館を促進する業務に携わってきた。統括者西尾純吾課長（インタビュー当時）によると，来館者調査の結果，20～30代が来館者の約6割を占めることが明らかになったため，若い世代に浸透しているインターネットを活用した本格的な広報活動を2009年に開始し，2015年からソーシャルメディアによる広報・プロモーション業務を専任1名が担当しているという。ソーシャルメディア上のコミュニケーションでは，森美術館に向けてというより，来館者がネットワーク内の人びとと自己の経験をシェアするために，人びとに向けてメッセージを発信するということを中心に，人びとの間で比較的シンプルなメッセージがやり取りされる傾向がある。一方，マス・メディアを介したパブリシティの影響力も大きいため，同部署では，マス・メディア向け広報・プロモーション業務にも，専任者を数名置いている[1]。

最後に，インターネットを介した情報提供は，美術館を含む博物館と利用者双方の利便性を向上し，人びとの間で情報が急速に拡散していく傾向がある。この過程では，ソーシャルメディア等で情報を発信する博物館利用者も，情報提供者すなわちメディアとしての役割を担っている。しかしながら，ソーシャルメディア上でやり取りされる情報は，比較的短く，シンプルであったり，他者の意見の単なるコピーであったりする場合もあり，質的に疑問のあるものも少なくない。

さらに，インターネット上では情報の受発信のスピードが速いことから，管理運営上さまざまな問題への迅速かつきめ細かな対応も求められる。「炎上（flaming フレーミング）」もそうした問題の一つである。「炎上」とは，電子掲示板やSNS，ブログ等で，他者を侮辱したりすることが過度に行われることをいう（高橋（秀）　2014）。

今日，情報提供やコミュニケーションの全般にかかわる方針や，その

一環として，インターネットをどう活用するかについての具体策を検討・決定し，インターネットを介した情報の受発信業務にかかわる予算や担当組織・人員を確保することが，美術館を含む博物館の重要な課題であるといえよう。

<注記>
1 2017年3月17日の西尾純吾氏へのインタビューによる。

参考文献

青木久美子・高橋秀明『日常生活のデジタルメディア』(放送大学教育出版会 2014)
大髙幸・端山聡子編著『博物館教育論』(放送大学教育振興会 2016)
鬼本佳代子「福岡市美術館「夏休みこども美術館」の歴史的変遷とその効果について」『福岡市美術館研究紀要』1号 pp. 34-45（2013年3月）
川口雅子「美術館の情報活動に関する一考察」『国立西洋美術館紀要』18号 pp. 43-54（2014年3月）
京都国立博物館『京博が新しくなります』(クバプロ 2014)
国立西洋美術館『国立西洋美術館館報』49号（国立西洋美術館 2016年3月）
小林頼子『フェルメール論―神話解体の試み―』(八坂書房 1998)
小林頼子『「牛乳を注ぐ女」 画家フェルメールの誕生』(ランダムハウス講談社 2007)
小林頼子「VR Visionary Talk 新フェルメール論！？～名画誕生のアルゴリズムに迫る～」(六本木アートカレッジ・セミナーにおける講演，2016年12月12日)
高橋祥友「ターミナルケア」石丸昌彦編著『死生学入門』pp. 189-204 (放送大学教育振興会 2014)
平木いくみ「マーケティング・コミュニケーション」芳賀康浩・平木いくみ『マーケティング論』pp. 180-196（放送大学教育振興会 2017)
福岡市美術館『平成25年度 福岡市美術館活動の記録』(福岡市美術館 2015)

14 | 考古の博物館における情報・メディア

稲村哲也

≪目標＆学習のポイント≫　縄文時代と古墳時代の遺跡と関連博物館を取り上げて，その展示の特徴をみていく。遺跡と博物館の展示の特徴には，縄文集落遺跡と古墳群遺跡の違いが反映されていないだろうか。また，発信者の考え方（基本コンセプト）が，展示の方法にどのように反映されているだろうか。二つの事例を比較して，それぞれの遺跡と博物館の展示の特徴について，情報・メディアの観点から考えてみよう。
≪キーワード≫　三内丸山遺跡，縄文文化，復元展示，西都原古墳群，古墳文化，フィールド・ミュージアム（野外博物館），サイト・ミュージアム（遺跡博物館）

1. はじめに

　この章では，考古遺跡とその関連の博物館を二つとりあげる。一つは，青森県にある縄文の三内丸山遺跡で，遺跡の関連施設である縄文時遊館のなかにある「さんまるミュージアム」と，縄文文化展示を含む総合博物館としての青森県立郷土館である。もう一つは，宮崎県の西都原古墳群と宮崎県立西都原考古博物館である。どちらも日本の代表的かつ巨大な遺跡で，日本の考古学・古代史を理解するうえで必須の遺跡である。両遺跡ともサイト・ミュージアム（遺跡に付随し，その出土品などを展示し，遺跡の文化的特徴を解説する博物館）を持ち，同時に，遺跡自体，その一部が修復整備されて公開・展示される遺跡公園となってい

る。どちらも，貴重な埋蔵文化財を保存しながら，日本文化の基層をなす重要な文化をわかりやすく伝えるという目的を持っている。一方で，縄文集落遺跡と古墳群遺跡の形態・特徴の違いが，情報の発信の仕方や，メディアの用い方に反映されるに違いない。まずは，それぞれの遺跡の概要を理解したうえで，それぞれのケースについて，遺跡自体の公開・展示の特徴，関連博物館の展示の工夫などをみていこう。そのうえで，両者の違いについても考えてみよう。

2．三内丸山遺跡と縄文文化の展示

（1）三内丸山遺跡

　縄文文化は，最後の氷期が終わりに近づき温暖化が始まった約15,000年前の草創期まで遡る。このころは円形・楕円形の竪穴建物の小さな集落が形成されていた。縄文前期中頃（約5,900年前），十和田火山の大規模噴火をきっかけに植生が大きく変化し，その後，中期後半にかけて，大規模な定住集落が形成されるようになった。三内丸山遺跡の巨大な集落が形成されたのはこの時期で，今から約5,500年前〜4,000年前の長期にわたって定住生活が営まれた。

　三内丸山遺跡は，1992年からの大規模な発掘調査で，竪穴建物跡，大型竪穴建物跡，大人の墓，子どもの墓，盛土，掘立柱建物跡，大型掘立柱建物跡，貯蔵穴，粘土採掘坑，捨て場，道路跡などがみつかり，集落全体の様子や当時の自然環境などが明らかになった。また，膨大な量の縄文土器，石器，土偶，土製・石製の装身具，木製品（掘り棒，漆器など），袋状編み物，編布，骨角器，ほかの地域から運ばれたヒスイや黒曜石などが出土した。

　三内丸山遺跡全体の保存のため，1995年に「青森県総合運動公園遺跡ゾーン基本計画検討委員会」が設置され，基本構想が策定された。基本

構想では,「遺跡の魅力を実物で公開」,「縄文の『むら』の風景づくり」,「企画性に富んだ開かれた遺跡の活用」,「憩いの場としての遺跡」,「縄文文化の拠点」,「保存・活用の計画の段階的推進」の6点がまとめられた。

遺跡を具体的に理解するために,大型竪穴建物,竪穴建物5棟,高床建物3棟,大型掘立柱建物1棟の復元を行った(図14-1)。2000(平成12)年に国特別史跡に指定され,2002・2003年度には,土屋根5棟,茅屋根1棟,樹皮屋根4棟の竪穴建物の復元整備を行うとともに,ビジターセンターである縄文時遊館が創設された。さらに,2010年に,縄文時遊館内に,重要文化財などを展示する「さんまるミュージアム」が開設された。

図14-1 復元された大型掘立柱建物(右),大型竪穴建物(ロングハウス),高床建物など

(2) 遺跡公園とミュージアムの展示

三内丸山遺跡では「遺構実物の公開」を目指しているが,その前提として,遺跡の保存措置の万全を期している。遺跡全体は遺構や遺物を保護するため山砂で埋め戻し,さらに凍結しないために一定の深さの保護盛土も行っている。そのうえで,大型掘立柱建物跡,埋設土器(子どもの墓),土坑墓,盛土などの遺構を公開している。「南盛土」は履屋によ

って保護され，トレンチ（発掘坑）が発掘時の状況で保存され，遺物の埋蔵の様子をみることができる（図14-2）。大型掘立柱建物跡は，空調施設のある覆屋を設置し，柱穴をFRPの噴きつけなどで保護し，柱穴に木柱のレプリカを入れて公開している（図14-3）。

図14-2　覆屋を設置して保存され，公開されている，「南盛土」のトレンチ（発掘抗）。

図14-3　覆屋を設置して保存され，公開されている，大型掘立柱建物跡

　復元建物は，発掘調査の所見や専門家による検討に基づいて行われたもので，縄文時代の集落のイメージを体感するのに役立っている。が，

一方では，復元という手法への違和感を指摘する見学者も少なくないという。岡田康博によれば，「復元はそれがさも事実であるかのように一方的に情報を与えることになり，想像する楽しみを制限してしまうことになりかねず，実物遺構と豊富な出土品でも十分遺跡を楽しめるといった声も以外と多い」という（岡田　2014, pp.146-147）。

　遺跡の発掘によって，ヒョウタン，ゴボウ，マメなどの栽培された可能性のある植物も出土し，栽培・管理された可能性の高いクリ林の存在も明らかになり，縄文文化のイメージを大きく変えた。こうした縄文文化を支えた植生の復元も行われ，さまざまな試行錯誤を経ながら，その改良や維持のための努力が続けられている。

　「さんまるミュージアム」では，導入として，子どもとイヌの象徴展示とともに，「北の大地に花開いた縄文文化，『北のまほろば』，人々が集い，自然と共に暮らし，豊穣を願う。青い海と青い森に支えられた，豊かな文化を紹介します」というメッセージが沿えられている（図14-4）。展示室（こころのコーナー）には，中央に大型掘立柱建物の木柱の実物と縄文ポシェット（袋状編み物）の展示があり，周囲を囲むように，土偶，装身具，土器，石器などの出土品が展示されている（図14-5）。さんまるミュージアムでは，ほぼ毎日，解説員による（定時）ガイドが行われ，土器，石器，土偶，木製品などについて，解説する。

図14-4　「さんまるミュージアム」の導入展示

図14-5　「さんまるミュージアム」の中心的展示の「大型掘立柱建物の木柱」。

タブレット端末を使用するITガイドも2015年から開始された（「三内丸山通信」63号より）。遺跡では，ポイントで，タブレット端末に，「縄文人が竪穴建物を建てる」光景，「食料を倉庫に貯蔵する」光景などがヴァーチャルリアリティ（VR）で写し出される。さんまるミュージアム内では，主な出土品の詳しい解説を音声ガイドで聞いたり，画面にタッチして，いろいろな角度から大型板状土偶や縄文ポシェットを観察したりすることができるなど，画面上で，出土品を拡大したり，回転したりすることができる。

縄文文化を身近なものとして体感してもらうため，多様な「ものづくり」体験学習などが行われている（以下「三内丸山通信」64・65号　2016年7・12月より）。たとえば，2016-2017年には，8月「縄文夏祭り」で「弓矢での的あて」「火起こし」「縄文服の試着」，9月「縄文大祭典」で，発掘調査現場の公開，現地説明会など，10月「ジョモリンピック」では，縄文人の生活にちなんだ競技として，やり投げ，弓矢，土器の水運び，ワラダ投げなどが行われた。また，10月の「縄文秋祭り」では，縄文時代の疑似体験ができる，たいけんウォーキング，笛や太鼓が演奏できるさんまる演奏会などが行われ，2月の「縄文冬祭り」では，雪だるま作り，そり遊び，雪を使った縄文体験や発掘体験などが行われた。いずれも野外のフィールドミュージアムならではのイベントである。

三内丸山遺跡の保存と発信にとって，市民の協働は非常に重要な位置づけとなっている。「三内丸山応援隊」は，遺跡公開に伴う見学者への対応として，民間主導で1995年に設立され，現在，遺跡ボランティアガイド，体験学習，それらの受付業務などを行っている。「縄文映画製作委員会」は，発掘調査や縄文をテーマにした映画を製作し，上映してきた。第一作は「土と木の王国青森県三内丸山遺跡'94」で科学技術庁長官賞を受賞した。「NPO法人三内丸山縄文発信の会」は，「縄文ファイ

ル」(隔月)を発行して,遺跡からの最新情報を発信している。執筆者は研究者,民間人,報道関係者などで,英語の対訳付きで世界に向けて発信している。「縄文塾」という小さな講演会,フォーラムを各地で開催し,それらの情報をインターネット上で公開している。また,「じょうもん検定」を行い,縄文文化の普及・啓発の活動も推進している。

(3) 青森県立郷土館の展示

青森県立郷土館は考古展示室,自然展示室,歴史展示室,民俗展示室などから成る総合博物館である。考古展示室では,旧石器時代から弥生時代までを扱っている。特に縄文文化の展示が豊富で,多様な縄文土器の形態を比較したり,生業や四季の食など生活,交易,住居や集落の構造,埋葬の形態などを理解できる展示となっている(図14-6)。そのため,三内丸山遺跡を通時的に位置づけるとともに,亀ケ岡文化など近隣の重要な縄文遺跡と比較することも可能な展示となっている。

墓のジオラマや,住居・建物模型,集落の生活を表現する模型ジオラマ,タッチパネルによる解説などのほか,縄文文化を体感する展示としては,縄文土器の多様な土器片のハンズオン(図14-7)や,繊維を撚った紐や,紐を巻きつけた軸棒を粘土の上に転がして「縄文」を作る体験コーナーなどがある。また,「ミュージアムたんけんたい」という,展示室でクイズを解くワークシートも用意されている。

図14-6 多様な縄文土器とともに,縄文のムラ(村)などを説明する展示

図14-7　多様な縄文土器片にさわることができるハンズオン展示

3. 西都原古墳群と西都原考古博物館

(1) 西都原古墳群と古墳の展示

　宮崎県内には多くの古墳群があり，1,800基を超える古墳が報告されている。国の特別史跡に指定されている西都原古墳群は，一ツ瀬川の中流域右岸に位置し，海岸線から約13キロメートルの「西都原台地」と呼ばれる丘陵台地を中心に，南北4.2km・東西2.6kmにわたって分布している。北郷泰道によれば「この位置は極めて重要で，周囲の新田原古墳群（新富町）や茶臼原古墳群（西都市）などを含めれば，流域に形成された古墳は，県内のじつに三分の一近くを占め，爆発的とも形容したい古墳群形成を見せている」（北郷　2005, p.11）。この古墳群は，3世紀末から7世紀にかけて築造された，前方後円墳32基，方墳2基，円墳285基を有し，墳丘を持つ古墳に加えて，南九州に特有の地下式横穴墓や全国に広く分布する横穴墓が混在している。

　西都原古墳群では，1912～17年に30基が発掘調査され，1966年から「風土記の丘」として整備が行われ，宮崎県立西都原考古博物館の屋外展示としても位置づけられており，古墳の一部が保存整備されている。そこ

で，古墳の成立時期と形態の概要に言及しながら，その展示について以下に述べていく。

　古墳の成立は，大きく4期に分かれる。Ⅰ期（3世紀後半から5世紀初頭）の約100年間に，台地の辺縁部（東側）に16基の柄鏡形前方後円墳が造られ，幾つかの系列の首長の存在が推測されている。これらの墳丘の幾つかが築造当時の形に復元整備され，内部を見学することができる。その一つである13号墳（柄鏡形前方後円墳）は，1916（大正5）年の調査で，倣製（日本国内で製作）の三角縁神獣鏡1面，鉄剣，刀子（小刀），翡翠製勾玉2点，多数の管玉や小玉などが出土した。後円部内部にみつかった「粘土郭」（木棺を粘土や礫で覆った埋葬施設）が修復されて公開・展示され，古墳側面から中に入って見ることができる（図14-8）。長さ8.1メートルの粘土郭の主体部がコンクリート製の覆屋で保護され，覆屋の上に盛土をして芝を貼り，調査データをもとに築造当時の墳丘形態が復元されている（図14-9）。また，本来の葺石に覆われた形態を示すため，古墳を見渡せる場所に二十分の一の模型も設置されている。

図14-8　柄鏡形前方後円墳（13号墳）の後円部内部にみつかった「粘土郭」の復元。

図14-9　復元された13号墳。前方本体の側面に「土郭」の覆屋への入り口が見える。

　Ⅱ期（5世紀前半〜中頃）には，複数の首長たちが統一され，日本列島最大の帆立貝形前方後円墳である男狭穂塚（おさほづか）と，九州最大の前方後円墳・女狭穂塚（めさほづか）古墳が造られた。地元の伝承では男狭穂塚はニニギノミコトの墓，女狭穂塚はコノハナサクヤヒメの墓とされている。実際の被葬者については諸説あるが，女狭穂塚は仁徳天皇妃・髪長媛（かみながひめ），男狭穂塚はその父・諸県君牛諸井（もろかたのきみうしもろい）とする説が有力視されている。2004年度から地中レーダー探査が実施され，正確な形態などが明らかになっている。両墓とも「陵墓参考地」（宮内庁管理地）に指定され立ち入りが禁止されているため見ることができないが，博物館内の展示として，大型立体模型と映像の組合せによって詳しく知ることができる。

　Ⅲ期（5世紀後半〜6世紀中頃）には，西都原古墳群では前方後円墳の築造が縮小・中断され，中小規模の円墳が数多く築造される。このなかには，地下式横穴墓を主体部とするものも認められる。4号地下式横穴墓（5世紀後半）は，111号墳（円墳）の周溝内に竪坑を持ち，墳丘中心に向う長大な玄室（奥行き5.6メートル）である。ここからは鉄製短甲（鎧）3領，珠文鏡，直刀などが出土し，重要な首長の墓であると

考えられている。この竪坑の上に保存見学施設が建てられ,そこからモニターで玄室を見ることができる(図14-10)。この4号地下式横穴墓は,博物館の展示でも原寸大の模型として見ることができる。

Ⅳ期(6世紀後半〜7世紀)のものとしては,206号墳「鬼の窟(いわや)」(6世紀末〜7世紀初頭)の石室が公開されている。この墓は,大型の円墳で,最後の首長墓と考えられている。古墳群で唯一,開口した横穴式石室を有し,墳丘周囲には,二重の周堀(内堀と外堀)とその間に高い外堤が存在する。石室は全長12.4メートルで,耳環,平玉,刀子,鉄鏃,金銅装馬具片,須恵器,土師器などが出土し,埋葬には組合せ式の木棺が使用されたと推測されている。

また,「酒元ノ上横穴墓群」(7世紀前半〜中頃)は,全国に分布する横穴墓と在地色の強い地下式横穴墓との折衷形式となっている,地下式横穴墓の最後を示唆する重要な遺構で,10基の墓道と18基の主体部が確認された。副葬品は,須恵器,土師器,鉄鏃,刀子,耳環等が出土している。現在は,6基の墓道が,大きな木造ドームの覆屋で保護され,発掘調査当時の状態で公開・展示されている(図14-11)。

図14-10　円墳の周溝内に竪坑を持つ4号地下式横穴墓。墓室内をモニターで見ることができる。

図14-11 「酒元ノ上横穴墓群」の埋葬の発掘状況が復元公開されている横穴墓

（2）宮崎県立西都原考古博物館

　宮崎県立西都原考古博物館は，常に新しい情報を提供する「常新展示」と，誰にでもやさしい「ユニバーサルデザイン」の徹底を基本コンセプトとして，2004（平成16）年4月に，資料館に代わり開館した。「野外博物館（フィールド・ミュージアム）として整備古墳等を屋外展示として位置づけ，また遺跡博物館（サイト・ミュージアム）としての役割も担っている」（北郷　2005，p.174）。

　遺跡博物館ではあるが，展示は古墳時代に特化したものではなく，南九州の旧石器時代から古墳時代を経た律令時代までを扱っている。展示全体の構成としては，「始良カルデラの爆発～南九州の地勢」などの展示で，南九州の環境を把握したあと，旧石器時代，縄文時代，弥生時代へと進む。考古資料の展示物，また印象的な絵と文字による解説，映像の組み合わせによって，人びとの生活と社会，文化の変容を理解することができる（図14-12）。南島からもたらされた貝類の装飾品などを例に，アジア・太平洋地域との交流のなかに南九州を位置づけることの重

第14章　考古の博物館における情報・メディア　241

図14-12　縄文文化の展示。環状集落の解説に「家々の『輪』であり，人間の『和』の具体的な姿であった。」とある。

要性などが強調される。

　展示解説の特色として，当時の人びとの視点による表現とともに，現代に生きる我々への詩的な語りかけの文章が際立っている。たとえば，弥生時代に盛んになった戦いに関して，次のように解説される。

　　何のために戦い
　　はじめたのか。
　　だが戦をはじめた
　　その瞬間に，はじまりの
　　大儀は見失われるものだ。
　　だから，
　　戦はいつも
　　消耗に決まっている。

　広いスペースを占める古墳文化の展示は，サイト・ミュージアムとして，出土品の展示と解説，遺構復元のジオラマ展示，古墳等の模型，IT

技術を駆使した解説装置などによって，西都原古墳群の特徴・解釈を，さまざまな角度から表現したものとなっている。

4号地下式横穴墓の復元ジオラマでは，地下に入った目線で，埋葬された人物，鉄製品などの副葬品の配列，閉塞石の状況などをつぶさに観察できる（図14-13）。ハーフミラーを使った装置により，発掘時の状況と埋葬されたときの復元を交互に見ることができる。また，「男狭穂塚・女狭穂塚」のコーナーでは，古墳の大型立体模型をスクリーンとしても使用し，実写映像やCG，文字が映し出され，さまざまな角度から男狭穂塚と女狭穂塚の謎解きが展開される（図14-14）。古墳時代の展示に続く「考古学の世界」の展示でも，大型の地形模型をスクリーンとする映像によって，南九州の地勢や風土，旧石器時代から弥生時代までの時代の流れ，西都原古墳群の立地や分布，古墳と地下式横穴墓との混在の意味など，さまざまな疑問が解説される。

図14-13　地下式横穴墓（4号）の復元ジオラマ

さらに「収蔵展示」では，収蔵庫に納められている資料の様子をガラス越しに見ることができる（図14-15）。国内随一の量と質を誇る古墳時代の人骨と鉄製品をはじめとする収蔵資料は，それぞれ最適な温湿度環

境の専用収蔵庫に収められている。最後に，考古学研究を体験的に学ぶことのできる充実した考古学研究所のコーナーが用意されている。「研究所」の中は，「考古学研究室」と「考古科学研究室」の大きく二つに分かれる。「考古学研究室」では，どのような調査や研究によって成果が生み出されるのか，「考古科学研究室」では，自然科学と共同する考古学を追体験できる。別棟の古代生活体験館では，土器，石器，勾玉，織物，楽器などの製作や，火起しの体験，古代衣装の試着体験なども用意されている。

図14-14　古墳の大型立体模型スクリーン。

図14-15　バックヤードである収蔵庫に納められている資料を見られる「収蔵展示」

4. 両遺跡と展示の比較

　日本を代表する，縄文文化と古墳文化の遺跡と関連博物館の展示についてみてきた。両遺跡を，展示という観点から比較してみよう。両遺跡に共通することとして，貴重な遺構や遺物を保存するという重要な措置を施しつつ，遺跡自体が修復措置を経て公開・展示され，「遺跡公園」を巡り歩くことで，見学者が学習できるように整備されている。両遺跡とも，覆屋を設置するなどして，発掘時の形態を修復保存し，公開・展示するための工夫を凝らしている。三内丸山遺跡における大型掘立柱建物の柱穴の遺構，西都原古墳群における酒元ノ上横穴墓群などである。一方，復元展示に関しては，両遺跡には大きな違いがある。古墳は土と石の建築物であり外形がかなり保たれるため，形態復元を行うことが比較的容易である。一方，縄文遺跡の場合，遺構からオリジナルの縄文集落の本体である木造建築のほとんどが消滅しているため，過去の形態を復元するためには，研究データに基づきながらも，想像して復元せざるを得ない。「縄文の『むら』の風景づくり」という基本コンセプトを実現するためには，柱穴やわずかに残った木柱の一部から，建物や集落を（創造的に）復元するという困難な作業が不可欠である。先に述べたように，こうした復元手法は，遠い過去の建造物を正確に反映しているとは限らない。そのため，事実とは限らない情報を見学者に与えかねないという指摘もある。それでも，一般の多くの見学者にとって，古代文化への関心と学習のために，形態復元はメディアとして有効であろう。復元展示が常にかかえるジレンマである。そこで，そうしたジレンマを解決するため，三内丸山遺跡では，発掘状況をしっかり見せるという工夫も随所でなされている。ITガイドでも，発掘状況と縄文時代の生活の様子（想像）の両方が対比できるようになっている。

博物館を比較してみると，三内丸山の「さんまるミュージアム」はサイト・ミュージアムとして，豊富な出土品の実物を見せるとともに，縄文時代の少年が成長してゆく過程をジオラマやデジタル装置によって体感できる展示となっている。なお，市内の青森県立郷土館との役割分担もある。郷土館は総合博物館であり，東北の自然環境，歴史，文化のなかに縄文文化を位置づける展示がなされている。

　西都原考古博物館は，サイト・ミュージアムでありながら，西都原古墳群をより広いアジアとの交流という空間軸と古墳時代に至る旧石器時代からの時間軸のなかに位置づけている。考古学研究そのものを展示に組み込むことも重視されている。体験展示・体験学習に関しては，多様なプログラムを積極的に実施していることが共通している。

参考文献

青森県教育庁文化財保護課三内丸山遺跡保存活用推進室「三内丸山通信」63・64・65号，2015年・2016年
岡田康博『日本の遺跡48　三内丸山遺跡　復元された東北の縄文大集落』（同成社　2014）
北郷泰道『日本の遺跡1　西都原古墳群　南九州屈指の大古墳群』（同成社　2005）
宮崎県立西都原考古博物館（編）『宮崎県立西都原考古博物館コンセプトブック』（2004）
宮崎県立西都原考古博物館（編）『西都原古墳群　探訪ガイド』【増補改訂版】（2008）

15 | 地域の総合博物館における情報・メディア

稲村哲也

≪目標＆学習のポイント≫ 滋賀県立琵琶湖博物館は，「湖と人間」を中心テーマとし，滋賀県草津市の琵琶湖畔に1996年に開館した。琵琶湖をかかえる滋賀県の特性を生かした，地域に密着した博物館である。湖と人とのかかわりの総体の歴史から，近代文明のあり方をもとらえなおし，自然とのつきあい方を探るための博物館を目指している。「自然と人のかかわり」を中心に据えた地域の総合博物館のモデルとして，その特徴を情報・メディアの観点からみていこう。

≪キーワード≫ 琵琶湖博物館，研究と地域，湖と人間，フィールドへの誘い，交流の場，個人的文脈

1. はじめに

　日本の博物館（特に公立の博物館）の多くは地域の博物館といってもよいだろう。地域に根差した博物館は，展示のコンセプトや内容，来館者の構成（地域住民の割合など），教育活動等において，当然ながら，地域と博物館の関係がより密接である。その意味では，「メディアとしての博物館」のコミュニケーションは，より双方向的であることが求められる。そして，地域社会と博物館によって，そのためのさまざまな工夫がなされてきた。
　地域の博物館は，その地域についての知識や課題を学ぶ場としてのメディアであるとともに，地域住民間や地域と外部世界との間の交流の場

としてのメディアでもある。そして，しばしば，地域アイデンティティの象徴としての役割も担っている。

　もちろん，より大きな枠組みのなかに地域を位置づけることで，地域の特徴を浮かび上がらせるという考え方もある。たとえば，歴史展示であれば，日本史全体のなかに地域史を位置づけて展示するというものである。一方では，全体（日本）については「知られている」という前提で，個別（地域）に特化してしっかり展示するという基本コンセプトもありうるだろう。全体と個別の両方を入れるとしても，そのバランスの取り方も多様であろう。そこには，児童の教育的な視点も入るし，展示スペースや収蔵資料との兼ね合いもある。いずれにしても，地域の博物館の個性と価値は，第一義的には，地域の住民にとってどれだけ有用であるか，にかかっているだろう。しかしまた，地域の特色をどれだけうまく発信できるのかも重要であり，それが海外も含めた地域外からの来館者にとっても，魅力的で有意義なものであることが望ましい。

　以上のような条件を満たすのはなかなか大変なことではあるが，ここではまず，その実現のために積極的な議論と実践を積んできた博物館として，滋賀県立琵琶湖博物館（以下「琵琶湖博物館」）を取り上げたい。

　琵琶湖博物館は，琵琶湖のほとりに立地し，「湖と人間」というテーマを掲げる，自然と文化の両方を扱う総合博物館である。本格的な水族館施設も持つが，ほかでは珍しい淡水魚を中心とし，琵琶湖固有種のほか国内外の淡水魚も展示されている。建物は，地下1階，地上2階，敷地面積は $42,434m^2$，延床面積は $23,987m^2$ である。1996年の開館以来，地域の人びとに「湖と人の共存」の歴史と未来を発信し，また地域と共働する多様な実践を行ってきた。そこで，メディアとしての博物館という観点から，その基本的なコンセプトと，その具体的な活動の一端をみていこう。

2. 琵琶湖博物館のコンセプト

(1) 博物館のテーマと基本理念

　琵琶湖の水は日本最大の水資源であり、そこに暮らす人びとにとっては生活の中心であり、地域の象徴でもある。琵琶湖はまた、400万年の歴史を持つ世界有数の古い湖（古代湖）であり、多くの固有種が存在する。その意味では、世界にとっても重要な資産であり、自然と文化の遺産でもある。

　そうした琵琶湖そのものの価値を背景にして、琵琶湖博物館は、「湖と人間」を全体のテーマとし、「環境についてともに考える博物館」が目標とされた。つまり、地域の自然と歴史を紹介するだけでなく、将来にわたる琵琶湖と人とのかかわりのあり方を考えるために、自然と暮らしとを一体的にとらえた総合的な博物館であることを目指した（布谷　2001）。

　琵琶湖博物館はまた、以上のような「湖と人間」という明確な基本コンセプトに加え、「フィールドへの誘いとなる博物館」、「交流の場としての博物館」という基本コンセプトを掲げている。「フィールドへの誘い」は、具体的には、人びとの関心が博物館のなかだけにとどまるのではなくフィールド（現地）に向かうような展示やプログラムを重視することである。「交流の場」は、あらゆる人びとが展示、研究・調査活動などに参加し、出会いの場となることを意味している。いい方を変えれば、民博が掲げる「フォーラムとしての博物館」を地域において実践する、ということになろう。

　琵琶湖博物館では、開設準備の早い時期から十数名の学芸員が採用され、どのような博物館にするか、徹底的な議論が重ねられた。そのなかで、住民との双方向の関係性の重視や、住民を巻き込んだ研究など、先

進的な考え方と実践が生まれた。それを整理したものが，先にあげた基本コンセプトである。以下で，学芸員として博物館の運営に長く携わった布谷知夫に依拠して，その議論の概要をとらえておこう（前掲書）。

　活発な議論の帰結として，「博物館は来館者や利用者を教育する場ではなく，博物館と利用者とが双方向に情報を往来させる場所である」という認識と，「本当に大切にすべきは地域そのものであり博物館という場所ではない」という認識が共有されたという。いいかえれば，「本当に大切なのは地域と地域の人びとが持っている情報であり，それらの人や情報が博物館という場を介して双方向に往来することで，改めて琵琶湖地域を見直し，再発見しよう」という，地域あっての博物館という考え方である。博物館を利用者に活用してもらうためには，魅力のある楽しい場所であることが必要であり，そのためには研究が重要であり，博物館では最新の情報を発信し，利用者の要望に応えなければならない。そして，博物館の開設過程でも，開設後の活動でも，利用者の声を生かしながら，利用者が主体となって実践していくことが目標とされた。

　目標をまとめれば，地域重視，利用者重視，研究重視，住民参加である。そうした目標から，住民参加型の身近な環境調査という手法が生まれていった。「大量のチラシをまいて参加者を募り，一つのテーマで調査をするという組織を作らない調査や，地域の水利用を住民自身が調べていくという，ゆったりした組織を作りながら調査を行うという例，あるいはいろいろな分野の興味を持った人が一つのテーマで集まり，自分の知識を生かしながら皆で議論をして新しい成果をあげていくというような例など，幾つかの参加型調査の結果を生み出してきた」という。

　以上のような考え方に基づき，「博物館法」に基づく4つの事業である「資料収集保管，展示，普及教育，調査研究」は，順番を変え，「研究調査，交流サービス，情報，資料整備，展示」の5つの事業として再

編された。研究と地域と交流を重視した，独自のコンセプトに基づく，先進的な事業方針といえよう。こうした事業のあり方は，樹木図として図式化された（図15-1）。これは，博物館の総合案内にも掲載され，次のような解説がつけられている。

> 博物館はたとえてみると大きな樹木のようなものです。樹木が深くひろげた根から養分や水分を吸収するように，研究し，資料をあつめて，その成果は幹に蓄えられ，枝葉に送られて，果実がみのります。おおくの利用者はその果実だけを利用しているのですが，良い実をみのらせるためにはゆたかな研究や資料が必要なのです。

そして，「観察会や講演会等の交流活動や展示は実に当たるものであり，そのような事業の中から新しく博物館への情報が加わることで，博物館は活性化していくものである」（布谷　2001）。

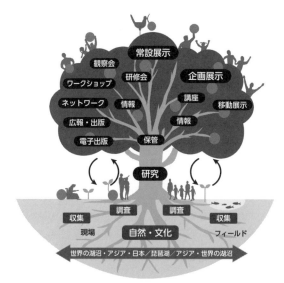

図15-1　博物館の事業のあり方を示した樹木図

(2)「参加」から「対話」へ

　博物館開設に参画した嘉田由紀子は，企画を練る段階で，博物館として伝達すべきことには，次のような3つの文脈があると考えた（嘉田　2001）。一つめは，自然や風景などいわば「物的な文脈」であり，二つめは，歴史や社会関係など「社会的文脈」である。そして三つめは，これらの物的・社会的文脈を来館者が個人的経験と照らしあわせることで「自分化」できる「個人的文脈」である。博物館が自然や社会の状態を事実として提示しながら，個人の意識に入りこむためには，この三つの領域のバランスが必要だという考え方である。開館の数年後に行ったアンケート調査の結果，嘉田は，来館経験者の博物館イメージに関する自由記述に，社会的文脈や個人的文脈の語が大幅に増加したことを見いだした。

　嘉田はまた，博物館運営者が舞台を準備するというニュアンスがある「参加」よりも，より自発的かつ広範な概念として「対話」を重視した。すなわち，展示や交流活動のなかで，来館者が「物や情報，人との相互の対話を深めることで，思考を深め，それが地域的な行動につながる」ことを期待したのである。

　次節では，博物館開設の過程の議論によって到達した，以上のような考え方が，展示や実践にどのように反映されてきたのかをみていこう。

3. 琵琶湖博物館の展示と情報・メディア

(1) 3つの展示室から

　展示は，琵琶湖にかかわる，自然史，歴史，環境とかかわる民俗・暮らしを取り上げ，展示室として，A（琵琶湖のおいたち），B（人と琵琶湖の歴史），C（湖のいまと私たち）とに分かれる。また，本格的な水族展示（水族館施設）があり，児童向けのディスカバリールーム，屋

外展示もある。さらに、「びわ博ナビ」アプリが無料でダウンロードでき、これらの展示の音声ガイドとして利用できる。

図15-2　鉱物や化石の展示コーナーをぬけると、ミエゾウの実物大レプリカの前にでる。

A展示室「琵琶湖のおいたち」は、琵琶湖がどのような変遷を経て現在のような姿になったのかを時間の経過を追って展示して、自然環境の移り変わりを理解するための展示室である。鉱物や化石の展示やジオラマなどの展示は、できるかぎりオープン（露出）展示とすることにより、展示品に近づいて見ることができる（図15-2）。

「地下1,000mの記録」コーナーでは、太古の湖周辺の地層を調べるため、建設前に行われた博物館の地下空間のボーリング調査を再現している（図15-3）。地下915メートまでの試料（コア）が取られ、約180万年前頃から現代までの地層が、多様な方法で分析された。

「フィールドでの調査」と「研究室分析」からなる研究室のコーナーもある。「フィールドでの調査」は、約200万年前の森とともに足跡化石を再現し、発掘のための道具なども展示することで、フィールド研究の世界へ誘っている。「研究室分析」コーナーは、フィールドで得られた成果を分析する学芸員の研究室を再現している。研究室の電子顕微鏡で標本を観察すること、引き出しから岩石標本を取り出して観察すること、コンピュータを使った発掘体験など、多様な研究体験ができる（図15-4）。このようにして、地質、化石、鉱物といった、単調になりやすい展示物も、来館者の興味をひく工夫がされている。

「コレクションギャラリー」では、隕石や化石、鉱物などを実際にさ

わって観察することができる。ここには，地域の人びとが調査・採取した標本を地域の人びとが主体となって企画・展示するコーナーもある。

図15-3　ボーリング調査の再現展示。地下480mでみつかった火山灰層は，およそ90万年前に阿蘇山近くのカルデラから噴出して，偏西風で各地に運ばれたものである。

図15-4　「研究室分析」コーナー。化石標本，顕微鏡などを扱いながら，多様な研究体験ができる。

B展示室「人と琵琶湖の歴史」は，入り口に世界の考古学者からの動画によるメッセージがあり，湖底遺跡の紹介と，実際に行われた湖底遺

跡の発掘調査の再現が展示されている（図15-5）。琵琶湖の湖底にある貝塚を発掘するために，調査地のまわりを二重の鉄の矢板で囲み，大きな水中ポンプで中の水を排水した。展示場に実物大の発掘現場も再現されている。こうした展示に，研究の重要性が強調されているといえよう。展示室中央にはかつての湖上水運の主力だった「丸子船」が展示されている（図15-6）。ここでは，琵琶湖のまわりに人が暮らし始めて以降，人はどのように琵琶湖と共存してきたかを，湖底遺跡，湖上交通，漁撈，治水・利水という4つのテーマで紹介している。そのほか，琵琶湖の海上交通に用いられた道具や，漁師の家の再現の展示などにより，人びとの暮らしや琵琶湖との関係を考える展示となっている。

図15-5　ミニチュア模型と映像などによって，湖底遺跡の発掘の様子を知ることができる。

図15-6　琵琶湖の歴史の中心をなす丸子舟の展示。丸子舟は江戸時代から戦前まで琵琶湖の湖上輸送の主役であった。

C展示室「湖のいまと私たち―暮らしとつながる自然―」は，琵琶湖と人びとの暮らしのかかわりについて展示している。展示室入り口付近の床には，琵琶湖・瀬田川・宇治川・淀川周辺の巨大な航空写真が陶板に印刷されており，視覚的に現代の琵琶湖の空間を感じることができる。この展示では，円形の壁面に沿った琵琶湖や琵琶湖地域の紹介と一体となって琵琶湖の全体像を知る導入部分の役割も果たしている。導入展示を抜けると，ヨシ原，田んぼ，川から森へと湖岸から徐々に平野の奥に進むように展示が構成されており，それぞれの場所の環境やそこにすむ生き物，そしてそれらと人とのかかわりについて標本や実際の生き物さらにはにおいなども使って紹介している。続く，昭和30年からの50年間の人びとの生活の変化を表すさまざまな電化製品などの日用品の展示は，来館者の親近感をひきだす（図15-7）。

図15-7　昭和の電化製品など日用品のほか，ポスターやフィギュアなど世相を表す品々が展示され，見学者に懐かしさを誘う。

農村のくらしの展示では，彦根市から移築された実際の民家（冨江家）が展示されており，昭和30年代終わりの生活風景を忠実に再現している（図15-8）。冨江さん一家の暮らしの昭和39年5月10日午前10時を再現したという。ITの進歩によるVR（ヴァーチャルリアリティ）がさ

図15-8 移築された民家の展示。

かんになるなかで、こうした現実性（リアリティ）は見学者の感性に響くだろう。この民家では、生活水として小川の水が利用されていた。ここでは、訪れた人がこの展示で再現されているかつての物質循環や資源利用の仕組みと自分たちの現在の暮らしを比べることができ、次世代に引き継ぐ自然や暮らしについて考えることができる工夫がされている。

こうした展示手法は、B展示室の「漁師の家」や先の「昭和の電化製品」などとともに、嘉田のいう「個人的文脈」として、発信者と受信者との間でコンテクスト共有をはかる展示の工夫ともいえよう。また、地域の人びととの共同作業として、地域の水利用の調査結果が「調査者、説明した人の名前、水利用の写真、地図、説明」などの項目の水環境カルテとしてデータベース化されている。

C展示室の中央部の壁面には、生き物コレクションがある。琵琶湖固有の生き物からはじまり、さまざまな琵琶湖やその周辺にすむ生き物の迫力ある実物標本が、この地域の特徴と独自性を語りかけてくる。そして、最後の「これからの琵琶湖」展示では、博物館の学芸員の研究や博物館とかかわっている市民グループ「フィールドレポーター」や「はしかけ」（章末のコラム参照）の調査について紹介している。また、この博物館を訪れた人たちがメッセージを残せるボードも設置されているの

も交流と対話を大切にしている琵琶湖博物館らしい試みである。

(2) 水族展示室と野外展示

　水族展示室「湖のいまと私たち—水の生き物と暮らし—」では，博物館の立地を生かして，琵琶湖に住む多くの種類の魚を展示している。導入で竹生島の周辺の水中を再現したトンネル水槽があり，通路を進みながら湖の世界に導かれ，来館者はまず，多くの種類の魚や生物が琵琶湖に暮らしていることを実感する。展示全体を通して，琵琶湖の水辺，内湖・ヨシ原，沖合の生き物，川の生き物，古代湖である琵琶湖の固有種など，多様な生き物と生態が紹介される（図15-9）。一方で，生き物と人の関係を重視した「暮らしの中の魚たち」などのコーナーは，地域の総合博物館ならではの特色ある水族展示といえよう。そのコーナーは，「水遊びと生き物」，「魚の多様な呼称」，「魚と漁業」などの小コーナーに分かれている。水族展示の中にある「魚屋」の展示はユニークで，その場違いさが笑いを誘う（図15-10）。

　琵琶湖博物館では，希少な生き物の保全活動も行われているが，そのバックヤードの繁殖水槽や活動の映像が展示されている。「古代湖の世界」を紹介するコーナーもあり，ロシアのバイカル湖，アフリカのタンガニーカ湖などの魚と暮らし（図15-11）の比較ができ，現在の湖の様

図15-9　「水辺の鳥」のコーナー。水鳥と魚が展示され，鳥の餌やりに子どもたちが集まっている。

図15-10 この魚屋「魚滋」は，高島市にある「川魚の西友　辻川店」をモデルにしている。鮒寿司のにおいをかぐコーナーもある。

図15-11 琵琶湖博物館が協定を結ぶ，バイカル湖やアフリカのタンガニーカ湖の生態や人びとの暮らし，舟，料理などがコンパクトに展示されている。

子をリアルタイムで見ることのできる装置もある。琵琶湖博物館が，周辺の地域住民だけでなく，世界の地域住民との双方向の交流を積極的に実践していることがうかがえる展示である。

　博物館の向かいに公益財団法人「世界湖沼環境委員会」（ILEC）があり，博物館の国際的な活動は当委員会と連携して実践されている。1984年に最初の世界湖沼会議（LECS' 84）が開催され，それを契機として

ILECが設立された。初回の会議の組織委員長を務めた武村正義元滋賀県知事（元大蔵大臣）によれば，会議開催とILEC設立の経緯は以下のようなものであった。

> 琵琶湖に赤潮が起こった頃から，世界を旅しながら湖沼を見て周り，関係者と議論をすると，世界の湖が水質汚濁に直面していることがわかってきた。そこで，世界中の湖の代表が集まって意見交換をする国際会議があればいいと思いついた。普通は専門家の会議といえば学者が中心だが，行政関係者，住民運動の関係者にも入ってもらった。国際会議としてはユニークな考え方だった。赤潮発生以来石けん運動が起こり，富栄養防止条例が成立したという経緯があるように，県民の非常に高い関心があって，さまざまな運動が湖沼問題に取り組んでいった。国際会議のメンバー構成は，そういう琵琶湖の環境運動をそのまま反映する形となった。会議の途中から，この会議はよかった，継続しようという意見も自然発生的に出てきて，次回はアメリカのミシガン湖とすんなり決まった。LECS' 84の基調講演をした国連環境計画（UNEP）のトルバ事務局長から「会議の継続性，サポートのための委員会の設置」の提言があり，滋賀県の主導で世界湖沼環境委員会（ILEC）が設立された。

2017年3月4日から4月9日まで企画展示「湖と生きる―琵琶湖から世界へ　未来へ」展がILEC主催・琵琶湖博物館共催により開催された（図15-12）。そこでは，湖の大切さ，琵琶湖や世界の湖の実情や環境保全活動，世界湖沼会議，ILECによる世界との連携活動の歴史と現状などが紹介された（図15-13）。世界湖沼会議は2016年のバリ島会議で16回を数えた。

図15-12　世界湖沼環境委員会（ILEC）設立30周年を記念する特別企画展示「湖と生きる―琵琶湖から世界へ　未来へ」の正面入り口。

図15-13　導入の展示「湖の価値」。「ペットボトル500本が地球にある水全部としたら，『すぐに使える水』は何本」と問いかける。河川・湖沼など飲み水・生活水として使える水は「1本未満」というのが答え。

　その他，「ディスカバリールーム」には，ザリガニの大きな模型など，子ども向けの展示がされている。ほとんどがハンズ・オン（触れる）展示で構成されており，子どもたちが自分で体験することによって展示を理解する仕組みになっている。

「野外展示」では，広い敷地を生かし，太古の森・縄文の森の再現や，生態観察用の水路を設置し，湖岸の風景を観察しながら感じることができる（図15-14）。また，生活実験工房という名の民家を設置しており，暮らし体験などの実習に用いている。この民家の前には，田んぼと畑のスペースもあり，田植え体験などのイベントも開催されている。

「博物館は利用者にとってひらかれた大学である」という理念のもと，研究成果のわかりやすい提示を追及している姿勢がみられる。琵琶湖博物館の立地をいかして，館内だけでなく野外においても体験実習を開くなどの活動によって，学芸員と利用者のインタラクティブな交流が行われている。こうした，住民参加による研究交流の実践について，副館長の高橋氏にコラムを書いていただいた。

図15-14 博物館の野外展示場（フィールド・ミュージアム）は琵琶湖へとつながり，博物館のコンセプトが湖と直結している。

コラム　人が広げる博物館の理念

滋賀県立琵琶湖博物館　副館長　高橋啓一

　琵琶湖博物館には3つの基本理念がある。第1には「湖と人間」というテーマを掲げて活動することである。第2には人びとが琵琶湖博物館を訪れ，地域にある自然や文化に関心を抱くことで「フィールドへの誘い」のきっかけになることである。第3には人，物，情報の「交流の場となる博物館」になることである。

　こうした理念を達成するための根幹は研究であり，そして研究に伴って収集される資料や情報である。研究の結果生み出される成果や収集した資料や情報こそが博物館の資源であり，これをどのように保管し，活用するかが博物館の使命である。一般的には，博物館に集積された資料や情報は，展示，講座，観察会，出版物など多様な方法で発信されることになるが，このようなさまざまな発信手段を持つことが博物館の強みでもある。そうしたなか，琵琶湖博物館には博物館の想いを地域に広げるユニークな取り組みがある。それは，地域の人びとが主体となる「フィールドレポーター」と「はしかけ」という制度である。

　フィールドレポーター制度は，県内の自然や人の暮らしなどについて，毎回異なるテーマで年に2〜3回程琵琶湖博物館に登録した市民が行う調査制度である。その結果はフィールドレポーター自らが運営する事務局が結果をまとめ，「フィールドレポーター便り」や「フィールドレポーター掲示板」などで会員に発信したり，ときには展示に活用しながら博物館来館者にも情報を伝えている（図15-15）。

図15-15　フィールドレポーターの会合。博物館と地域のコミュニケーションと，それに基づく展示を支える重要な役割を地域の人びとが担っている。

もう一方の「はしかけ」制度は、琵琶湖博物館の理念を登録講座などで理解し、すでに活動している20ほどのグループのどれかに参加したり、あるいは自ら新しいグループを立ち上げて活動することができる制度である（図15-16）。

図15-16　はしかけ「うおの会」の活動風景。人びとの関心が博物館のなかにとどまらず、フィールドに向かうプログラムである。

　こうした制度は、参加する人たちが主体となって行う点でボランティアとはまったく異なっている。フィールドレポーターや「はしかけ」は、博物館という場を利用して身の回りの自然や文化に関するテーマを自ら追求したり楽しんだりしながら活動を行っている。そうした活動のなかで学芸員と話をしたり、博物館から送られてくる印刷物などによって琵琶湖博物館が目指している「人びとが身近なものに興味を持ち、自分の生活や地域を見つめ、これからのあり方を考える」という活動理念に何度も触れ理解することになる。フィールドレポーターや「はしかけ」は、琵琶湖博物館の理念を理解したヘビーユーザーであるとともに、彼らの活動が博物館の来館者や地域の人びとに向かって行われることで、琵琶湖博物館の理念がさらに外へと広がっていくのである。

　フィールドレポーターや「はしかけ」といった博物館の公式な制度以外にも、琵琶湖博物館を利活用するグループが存在する。その一つが「湖国もぐらの会」である。もぐらの会は、琵琶湖地域で活

動する鉱物や化石を収集あるいは研究する個人や会を束ねる会の名称である。こうした人たちが数年に1度，琵琶湖博物館の企画展示室を利用して採集した標本を展示したり，常設展示室で個人が一定期間採集品を展示しながら来館者と交流するような活動を行っている。また，貴重な地域の地学資料が散逸しないように，本人や家族に資料を博物館に寄贈することを勧めたりもしている。地域の人が展示や交流，研究の場として博物館を利用することで，その理念を理解して，新たな資料が集積される仕組みが琵琶湖博物館の20年ほどの活動で少なくともある部分では出来上がっている。

　こうした理念の実現にさらに拍車をかけようと，現在展示・交流空間を中心としたリニューアルを行っている。リニューアルは3期6年にわたって行われているが，2016年7月にはその第1期が完了し，夏休み期間だけでも17万人以上の人びとが来館した。この第1期では，C展示室「湖のいまと私たち―暮らしとつながる自然」と水族展示室「湖のいまと私たち―水の生き物と暮らし」がまったく装いを新たにした。たとえばC展示室では，湖岸のヨシ原の中を通る展示があるが，そこではヨシ原のにおいを嗅いだり，ヨシ原に生息するカヤネズミが生きた姿で見ることができる。新しい展示では，このような身近にあるけれど「知らなかった」「気づかなかった」ことを，見る，嗅ぐ，聞く，触るなどの来館者の五感に伝える展示を随所に設けることで，来館者に身近な生活や琵琶湖を取り巻く世界を「読み解いてもらう」工夫をしている。第2期リニューアルでは「大人のディスカバリールーム」や屋外の「樹幹トレイル」をはじめ，利用者の「知りたい」に応える機能を充実する予定である。第3期が終了しグランドオープンするのは2020年の予定である。

　博物館は利用者に情報を伝える手段を多く持つが，大切なことはそうした手段がどれくらいあるかだけではなく，自分たちの伝えたいことがはっきりしていること，一般来館者に対してだけでなく，博物館により深くかかわる人たちにも伝える手段を持っていることが大切である。こうした水面に投げ込んだ石ころが波紋を作り，そ

れが外へ外へと広がっていくような活動を続けることで，博物館が誰からも「使える」，そして地域の中心施設の一つとして存在意義のある場所になることができるのだと思う。

参考文献

嘉田由紀子「地域社会での博物館利用の実践的展開の可能性―琵琶湖博物館への来館が県民にもたらす博物館イメージから何を展望できるのか―」村山皓編『施策としての博物館の実践的評価』（雄山閣　2001, pp.138-146）

川那部浩哉他（六版2013）『滋賀県立琵琶湖博物館　総合案内』（滋賀県立琵琶湖博物館　1998）

重森臣広2001「博物館に期待される効果と時代特性―知の集積としての琵琶湖博物館が社会から求められているものは何か―」村山皓編『施策としての博物館の実践的評価』（雄山閣　2001, pp.127-137）

布谷知夫「博物館の現状と評価の課題―琵琶湖博物館のこれまでの歩みと今後の課題はどのように意図されているのか―」村山皓編『施策としての博物館の実践的評価』（雄山閣　2001, pp.11-24）

村山皓（編）『施策としての博物館の実践的評価』（雄山閣　2001）

索引

●配列は五十音順．＊は人名を示す．

●あ 行

アーカイブズ　117
アイリス　49
青森県立郷土館　235
アクセシビリティ　98
アクセスと利益配分　75
アナログ　13
アメリカ自然史博物館　115
アンケート　119, 133, 222
生き物　168
いきヨウヨウ講座　222
遺産に対する知的財産権　91
遺跡博物館　240
一次資料　114, 125
色温度　61
印刷博物館　218
インターレース　63
ヴィクトリア・アンド・アルバート博物館　118
ウェブサイト　70, 76
梅棹忠夫＊　12, 33, 194, 198
映画の著作物　87
英国博物館ドキュメンテーション標準　66
エデュケーター　190
炎上　227
円墳　238
大型映像装置　45
オープンアクセス　68
オープン・データ　68
岡山市デジタルミュージアム　36
お雑煮プロジェクト　116
音楽の著作物　87
音声　53
音声ガイド　104, 234
音声対応ベルリン触地図　111

●か 行

解釈　16
階層構造　31, 153
解読　16
ガイドジャケット　104
海遊館　161, 163
書かれたもの　95
学際的学習・研究　121
仮想現実　120
家族プログラム　115
嘉田由紀子＊　251
学会　143
カメラ　48
環境エンリッチメント　179
観光　115
鑑賞　118, 214
鑑賞展示　31
感性　25
キオスク端末　77, 157
機械遺産　93
企画展　225
企画展示　158
記号　15
機能主義　196
基本情報　149
キュレーター　183, 190
キュレーターズトーク　184
教育展示　31
京都国立博物館　216
クリエイティブ・コモンズ・ライセンス　75, 95
グレースケールチャート　54

携帯型音楽プレイヤー 38
携帯型ゲーム機 37
携帯型通信機器 151
携帯情報端末 33, 36
携帯電話 38
経路情報 150
ゲイン 56
ケルビン 61
研究 194
健康管理 166
減光フィルター 56
言語情報 147
検索 115, 122, 214
現示性 20
現代性 204
講演会 214
公害資料館連携フォーラム 144
広角 59
広告 225
公衆送信 83
高精細画像 70
公表権 83
公文書管理法 90
広報 143, 225
交流の場 248
光量 53
高齢者 221
コーセラ 116
コード 15
コード依存型 18
コードからの逸脱 25
国際博物館会議 66
国際博物館統計 67
国際標準化機構 67
国立科学博物館 36, 39, 72, 110, 152
国立国会図書館法 90

国立西洋美術館 214
国立民族学博物館（民博） 37, 193
国立歴史民俗博物館（歴博） 193
個人的文脈 251
子ども向けの教育機会 221
古墳 236
コミュニケーション 15
コレクション 213
コンテクスト 16
コンテクスト依存型 18
コンテクスト共有 184, 256
コンテンツ基本法（コンテンツの創造，保護及び活用の促進に関する法律） 86
コンテンツ事業 88
コンテンツ事業者 88

●さ 行

サイエンスミュージアムネット 73
サイト・ミュージアム 229, 240
西都原考古博ナビ 106
西都原考古博物館 99, 240
西都原古墳群 236
佐賀城本丸歴史館 142
サグラダ・ファミリア 93
佐野常民記念館 139
サル 179
参加型調査 116
三次元デジタルデータ化 74
三内丸山遺跡 230
さんまるミュージアム 233
ジオラマ 13, 235
視覚障害者誘導用ブロック 100
視覚的記号 19
視覚的言語のコミュニケーション 20
自然誌 132
自然史標本情報検索 74

視聴覚著作物　87
実演　83
実演家人格権　83
自動公衆送信　83
絞り　48
氏名表示権　83
社会的文脈　251
写真の著作物　84
シャッタースピード　49, 58
重畳型展示　39
収蔵品　213
周辺情報　150
住民参加　249
受信者中心型　18
主体学習　114
出版権　84
出版権の制限　85
出版権の設定　84, 88
障害者差別解消法　99
詳細情報　150
常設展示　118, 152
常設展示データベース　77
肖像権　90
情報KIOSK端末　33, 37
情報技術　11, 23
情報通信技術　127, 151
情報にかかわる格差　127
情報発信　194
情報リテラシー　127
縄文時遊館　231
縄文文化　230
触察ピクト　101
触察マップ　102
所蔵作品総合目録検索システム　71
触覚　215
シリーズ化　115, 223

信託譲渡　88
シンポジウム　142
水族館　161
水族展示　251
ズーム　53
ストリートビュー　78
スマートデバイス　36
スマートフォン　36, 48
スミソニアン協会　74
図録　125, 151, 213
生態展示　13, 161
生物の多様性に関する条約（生物多様性条約）　91
世界湖沼会議　257
世界湖沼環境委員会　257
世界文化遺産　138
赤外線信号発光ユニット　104
世代別情報　150
ゼブラ　56
先住民族の権利に関する国際連合宣言　91
線条性　20
前方後円墳　237
専門ポータルサイト　126, 144
ソーシャルメディア　127, 226
ソシュール*　15
卒業論文研究　123

●た　行
大英博物館　75
大規模公開オンライン講座　116
対話　251
多言語情報　150
タッチ・パネル　140, 217
タンポポ調査・西日本2015　117, 143
地域の博物館　246
地下式横穴墓　236

地球規模生物多様性情報機構　74
知的財産基本法　87
知的財産権の管理　88
知的財産法　81
千葉県立中央博物館　132
千葉市動物公園　38
著作権等管理事業法　89
著作権等の制限　90
著作権のある著作物　95
著作権の譲渡　88
著作権法　80, 84
著作者人格権　83
著作物　82
著作物の利用の許諾　84, 88
著作隣接権　84
著作隣接権の制限　86
チンパンジー　180
珍品陳列室　12
陳列型展示　29
データベースの著作物　82
データベースれきはく　125, 209
適正照度　54
デジタル　13
デジタルアーカイブ　86
デジタル・アーカイブ化　67
デジタル画像　207
デジタル・コンテンツ　67, 86, 208
デジタル・ディバイド　127
デジタル・ネイティブ　127
デジタルミュージアム　34, 86
デジタルメディア　68, 216
手摺　101
出前プログラム　224
展示　29
展示権　84
点字タグ　110

電磁的記録　68
伝統的文化表現　91
展覧会出品歴　213
同一性保持権　83
東京国立博物館　218
ドキュメンテーション　66
徳島県立美術館　144
特定非営利活動法人千葉まちづくりサポートセンター　132
特別展　158
どこでも美術館　224
図書室　122, 136, 214

●な　行
名護屋城博物館　118
夏休みこども美術館　221
南山大学人類学博物館　107
偽ニュース　127
ニフレル　161, 168
日本モンキーセンター　176
ニューヨーク近代美術館　115
ネットワーク　143, 226

●は　行
バーチャル・リアリティ　24, 42
ハーフミラー　242
ハーフミラー型　39
ハイビジョン　62, 159
博情館　12, 197
博物館教育　114
博物館コミュニケーション　182
博物館展示　23
博物館ドキュメンテーション国際委員　66
博物館の図書室　122
博物館の評価　135
博物館疲労　148

博物館法　65, 146
幕末佐賀藩の科学技術　142
はしかけ　263
バックヤード・ツアー　184
発信者中心型　18
パブリシティ　225
パブリシティ権　90
場面構成型展示　29
バリアフリー　96
パロール　15
ハンズオン　235
ハンズオン展示　103, 147
非意図的偶発的学習　115
非言語情報　147
被写界深度　58
美術館　169, 213
美術の著作物　84
美術の中のかたち　215
ヒストグラム　55
肥前名護屋城の謎を解く　121
ビデオカメラ　51
ビデオテーク　194
兵庫県立美術館　215
標本・資料統合データベース　72
琵琶湖　247
琵琶湖博物館　248
ファンタビュー　39
フィールドへの誘い　248
フィールド・ミュージアム　136, 240
フィールドレポーター　256, 262
フェアユース　94
フォーカス　53
フォークロアの表現　91
フォーラムとしてのミュージアム　202
福岡市植物園　222
福岡市動物園　143

福岡市美術館　143, 221
復元ジオラマ　242
複合現実感　42
複製　216
複製品　13
物的な交流　251
プライバシー権　90
フリッカー対策　58
フレーミング　227
フレームレート　62
プレス・リリース　226
プログラム　87
プログラムの著作物　87
プログレッシブ　64
プロジェクションマッピング　41
文化遺産オンライン　71, 126
文化財　196
文化財高精細画像公開システム　70
文化相対主義　194
文献掲載歴　213
フンボルト自然史博物館　40
編集著作物　82
望遠　59
放送　83
ポータルサイト　70
ボストン美術館　148
ホワイトバランス　53, 61
ホンジュラス共和国国立博物館　218

●ま　行
マジックビジョン　39
マス・メディア　13
幻の巨城　肥前名護屋城　121
三重県総合博物館　116
三重津海軍所跡　137
みえつSCOPE　140

みえつドームシアター 140
ミクストリアリティ 42
みどころルーペ 217
ミニチュア模型 13
ミュージアム・カート 216
ミュージアムビュー 78
未来技術遺産 92
民博 193, 201
無体物 82
明治の産業革命遺産 138
メイス* 96
メタデータ 66
メッセージ 16
メディア 13
メディアとしての展示 118
メディアとしての博物館 12, 116, 195, 246
メディア・リテラシー 47
メトロポリタン美術館 75
ものづくり体験学習 234
モバイル機器 120
モバイル端末 214
森美術館 226

●や 行
野外博物館 240
やきものボックス 224
ユーザビリティ 98
有線放送 83
床誘導ライン 100
ユニバーサルデザイン 96, 240
ユニバーサル・ミュージアム 96
余暇 115

●ら 行
来歴 213

ランガージュ 15
ラング 15
リスーピア 36
立命館大学国際平和ミュージアム 126
リング・オブ・ファイア（環太平洋火山帯） 162
リング・オブ・ライフ（環太平洋生命体） 162
歴史資料自在閲覧システム 207
歴史性 204
歴博 194, 206
レコード 83
レプリカ 13, 110
連携のカテゴリー 130
露出展示 196

●わ 行
ワークシート 151
ワークショップ 214
ワオキツネザル 181

●アルファベット・数字
ABS（Access and Benefit-Sharing） 75
CC ライセンス 95
CG 121, 143, 216
CIDOC（The International Committee for Documantation of the International Council of Museums） 66
Coursera 116
CT スキャン 69
digital divide 127
digital museum 86
digital native 127
e 国宝 70
e ラーニング 115, 126
GBIF（Global Biodiversity Information

Facility) 74
Google Arts & Culture 78
HD 62
iBeacon 106
ICOM (International Council of Museums) 66
ICT (Information and Communication Technology) 33, 67, 127
IRIS 49
ISO (International Organization for Standardization) 67
IT (information technology) 11
ITの活用 206
JMC 176
Jurascopes 40
K (ケルビン) 61
MLA連携 89
MOOC (Massive Open Online Course) 116
MR (Mixed Reality) 42
museum fatigue 148
NDフィルター 57

Neutral Density filter 57
PDA (Personal Digital Assistant) 33, 36
PR (public relations) 225
Sketchfab 75
Smithsonian X3D 74
SNS (Social Networking Service) 127
SPECTRUM (The UK Museum Documentation Standard) 66
Thingiverse 75
universal design 96
ViewPaint 218
VR (Virtual Reality) 24, 42, 120, 140, 218, 234
VR専用シアター 217
VR名護屋城 120
ZOOシミュレーション 185
3D 159
3DCG 69
3Dプリンター 69
4K 63, 159
8K 63

分担執筆者紹介

(執筆の章順)

有田　寬之（ありた・ひろゆき）　　・執筆章→4・9

1973年	山口県に生まれる
1996年	東京大学教養学部卒業
1998年	東京大学大学院総合文化研究科　修士課程修了
	国立国会図書館勤務を経て，2001年より国立科学博物館
現在	国立科学博物館　副課長
専攻	博物館情報論
主な著書	「展示論―博物館の展示をつくる―」（分担執筆　雄山閣　2010）
	「博物館情報・メディア論」（共著　放送大学教育振興会　2013）

児玉　晴男（こだま・はるお）

・執筆章→5

1952年	埼玉県に生まれる
1976年	早稲田大学理工学部卒業
1978年	早稲田大学大学院理工学研究科博士課程前期修了
1992年	筑波大学大学院修士課程経営・政策科学研究科修了
2001年	東京大学大学院工学系研究科博士課程修了
	メディア教育開発センター研究開発部教授，総合研究大学院大学文化科学研究科教授（併任）等を経て
現在	放送大学特任教授・博士（学術）（東京大学）
専攻	新領域法学・学習支援システム
主な著書	『知財制度論』（単著　放送大学教育振興会　2020）
	『情報・メディアと法』（単著　放送大学教育振興会　2018）
	『情報メディアの社会技術―知的資源循環と知的財産法制―』（単著　信山社出版　2004）
	『情報メディアの社会システム―情報技術・メディア・知的財産―』（単著　日本教育訓練センター　2003）
	『ハイパーメディアと知的所有権』（単著　信山社出版　1993）

大髙　幸（おおたか・みゆき）

・執筆章→ 7・8・13

1997年　慶應義塾大学文学部哲学科美学美術史学卒業
2000年　ニューヨーク大学大学院視覚芸術運営研究科修士課程修了
　　　　修士（美術館運営学）取得
2007年　コロンビア大学大学院美術及び美術教育研究科博士課程修了
　　　　博士（教育学）取得。コロンビア大学大学院兼任助教授を
　　　　経て
現在　　放送大学客員准教授（博物館教育論・2012年〜）慶應義塾
　　　　大学大学院等非常勤講師
研究領域　博物館教育論，美術館運営学，芸術メディア論
主な著書『博物館教育論』（共著　放送大学教育振興会　2016）
　　　　『ひとが優しい博物館　ユニバーサル・ミュージアムの新展開』（共著　青弓社　2016）
　　　　Otaka, M.（2016）, 'Museum family programmes as a model to develop democratic education: A pedagogy inspired by the principles of *Cha-no-yu*', *International Journal of Education through Art*, 12 : 1, pp.39–56, doi : 10.1386/eta.12.1.39_1

編著者紹介

稲村　哲也（いなむら・てつや）
・執筆章→1・10・11・12・14・15

1950年	静岡県に生まれる
1976年	東京大学教養学部（教養学科文化人類学文科）卒業
1981年	東京大学大学院社会学研究科単位取得退学
	野外民族博物館リトルワールド研究員，愛知県立大学教授，放送大学教授等を経て
現在	放送大学特任教授
専攻	文化人類学
主な著書	『リャマとアルパカ—アンデスの先住民社会と牧畜文化』（単著　花伝社　1995）
	『メキシコの民族と衣裳』（改訂再版）（単著　京都書院　1997）
	『ヒマラヤの環境誌—山岳地域の自然とシェルパの世界』（共編著　八坂書房　2000）
	『続生老病死のエコロジー—ヒマラヤとアンデスに生きる身体・こころ・時間』（共編著　昭和堂　2013）
	『遊牧・移牧・定牧—モンゴル，チベット，ヒマラヤ，アンデスのフィールドから』（単著　ナカニシヤ出版　2014）
	『都市と草原—変わりゆくモンゴル』（共編著　風媒社　2015）
	『博物館展示論』（共編著　放送大学教育振興会　2016）

近藤　智嗣（こんどう・ともつぐ）

・執筆章→2・3・6

1986年　法政大学文学部卒業
1988年　上越教育大学大学院学校教育研究科修了
　　　　出版社勤務，放送教育開発センター助手，
　　　　メディア教育開発センター助教授（准教授）
　　　　総合研究大学院大学文化科学研究科　教授（兼務）を経て
現在　　放送大学　理事・副学長・教授
　　　　博士（情報理工学）（東京大学）
専攻　　映像認知，バーチャルリアリティ，展示学，コンテンツ開発
主な著書「博物館における情報機器の活用」『展示論』（雄山閣　2010）

「映像制作技法：企画から編集までのコツ」『博物館情報・メディア論』（ぎょうせい　2013）

「没入型複合現実感展示におけるガイド機能の評価」『日本バーチャルリアリティ学会論文誌』Vol.17, No. 4, pp.381-391（2012）

「骨格復元の新旧学説を対比する複合現実感展示解説とその評価」『展示学』第50号，pp.60-69（2012）

放送大学教材　1555014-1-1811（テレビ）

博物館情報・メディア論

発　行	2018年3月20日　第1刷	
	2021年7月20日　第3刷	
編著者	稲村哲也・近藤智嗣	
発行所	一般財団法人　放送大学教育振興会	
	〒105-0001　東京都港区虎ノ門1-14-1　郵政福祉琴平ビル	
	電話　03（3502）2750	

市販用は放送大学教材と同じ内容です。定価はカバーに表示してあります。
落丁本・乱丁本はお取り替えいたします。

Printed in Japan　ISBN978-4-595-31863-4　C1330